浅利　誠

ジャック・デリダとの交歓

パリの思索

文化科学高等研究院出版局

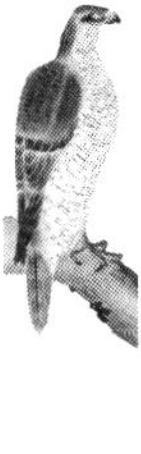

知の新書
005

—— *Pour ma chère fille, Sophie, avec tout mon amour*

愛する、わが娘ソフィーへ

★ジャック・デリダとの交歓

1997年のスリジィ・ラ・サルで
デリダと著者（写真：著者提供）

目次

序

私がデリダに出会ったのは一九八六年の暮れだったが、パリに着いたのが一九七六年の夏のことだから、パリ生活十年目のことだった。アンドレ・ブルトンについてのドクター論文を書き上げ、国立東洋言語・文化研究院の外国人講師の仕事に就いて三年目のことであった。日本語の教師として生活をするかたわら、私的生活において、ブルトンとデリダを併行させて読むという二本立ての生活がしばらく続いた。私の職場の事情で、日本思想の授業も担当することになったが、ブルトンとデリダの二人だけは、その後も長く馴染みの作家（思想家）であり続けた。ランボーとロートレアモンのパリで生活してみたいという漠然とした夢を抱えて日本を発った私であったが、後日、ベンヤミンの「シュルレアリスム」を読んで、ドイツからの亡命者としてパリで生活し、シュルレアリスムとの同時性を強く感じて生きていた人間がいたのだと考えて嬉しくなった。

Arthur Rimbaud
(1854-1891)

Le Comte de
Lautréamont
(1846-1870)

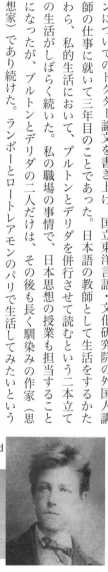

しかも、そのベンヤミンをデリダが熱烈に読み込んでいたことを知ることになったのも嬉しかった。デリダについて語る際にブルトンがしばしば顔を出すのは、そういう経緯があったからである。高校時代にジッドを愛読したというデリダに対し、私はアプリオリにシンパシーを抱いたのだった。

ただし、日本学科で働き続けた私には、日本語について考えるという機会が自然に増えていった。そのことは、本書の中にも反映されていると思う。私がデリダを参照項として抱え続けたのは、目に見える形では、一つにはブルトンについて何か書くという作業の中においてであったのだが、ある時期から、デリダは、私が日本語について考える際の貴重な導きの糸としての役割をも果たしてくれるようになっていった。ところが、驚いたことに、日本語文法論について書いている私の目下の仕事を背後から支えているのもデリダなのである。

現在、私にとって、デリダが近傍にいる人間としてあり続けているのは、実は、日本語を考える上での着想を与えてくれる汲めど尽きない泉のような存在だからである。ただし、本書のテーマとは外れるので、次の一点だけをいうにとどめる。

日本語の格助詞のシステムを考える上で、極めて貴重な着想を与え続ける人間として、である。私は、この点で、西田幾多郎とデリダの二人を導きの糸と

Walter Bendix Schoenflies Benjamin (1892-1940)

Jacques Derrida (1930-2004)

André Breton (1896-1966)

して考察を進めている。実をいえば、私は、ある日、セミネールの会場で、「ウィ（Oui）」の準 - 超越論的構造（特性）について語ったデリダの発言から貴重な着想を得たのである。さらに、その後、デリダのこの「ウィ（Oui）」についての省察が、デリダのベンヤミン論の核心部をなすものであることに思いたることにもなったのである。この「序」の中で、すこし先で、そのことに触れておこうと思う。

本書で私は、できるだけデリダの肉声が伝わるようにと願って、デリダの実際の生の声を紹介するように努めた。この「序」においては、デリダについての関心にはいくつかの焦点があったことを、あらかじめ、示しておきたいと思う。以下の二点に絞って語ってみたい。一つは、言語についてである。もう一つは、境界線上にあるものを問うというデリダの根本的な構えについてである。ところで、デリダにおいては、これら二つは連繫されている。本書で紹介するデリダの肉声を通してそのことを感じ取っていただけるものと思う。また、デリダの思考のダイナミズムをこの二つの焦点を通して確認することは可能だと思う。

デリダの言語についての省察に的を絞り、第一に、本書の第一章と関連するものとして、デリダとブルトン、デリダとレヴィ＝ストロースの比較を通して、デリダの言語観の一面を紹介しておきたい。第二に、第四章、第五章への序章として、デリダとベンヤミンの関係について少し述べておこうと思う。

言語について（1）：ブルトンとデリダ

『悲しき熱帯』の中で、レヴィ＝ストロースは、ブルトンについて、「手紙のやりとりは、この果てしない旅のあいだ、かなり長くつづいたが、そのなかで私たちは、審美的にみた美しさというものと、絶対的な独創性との関係を論じた」（『世界の名著59』中央公論社、一九六七年、三六〇頁）と回想している。この二人の交友関係の中で私の興味を強くひきつけるのは、両者が共に示したマルセル・モースに対する関心なのだが、本書の第一章の中でデリダが与えているコメントは非常に含蓄のあるものである。それを味わっていただくためにも、伏線として、補足情報を私の側から与えておくのは無駄ではないだろうと考える。両者の会話において、ブルトンは、自分の自動記述の体験をベースにして意見を述べたはずである。それは、レヴィ＝ストロースの用語である〝浮遊するシニフィアン〟の中の〝シニフィアン〟という語をブルトンが用いていることから明らかになる。レヴィ＝ストロースとブルトンの用語法は、世代の違いからきていることは間違いない。ブルトンは、ソシュール言語学を知らない世代の人間だったのである。二人の対話の焦点になった一点は、モースの概念である「マナ」をめぐるものだが、デリダを通すと、以下のことに気づく。前者が、ソシュール言語学をベースに理論を構築した人間であ

Claude Lévi-Strass
(1908-2009)

Marcel Mauss
(1872-1950)

り、後者は、ソシュールを読んでなかった世代の人間であるという大きな隔たりがあるのだが、デリダは、驚くべきことに、その隔たりをものともしないで、両者が交わした会話における争点を的確に押さえる視点を打ち出しているのである。

ここでは以下のことのみ言っておく。デリダが、私が発表の中で引用しておいたブルトンの文章を読んだだけで、両者の議論が何をめぐるものであったかを難なく見抜いているのである。それは、「言語の誕生の瞬間」に対する両者の観点の違いについてである。レヴィ＝ストロースは、モースの「マナ」をめぐる論考をベースに言語の誕生を考えていたわけだが、その際、ソシュールの記号論を使って、「浮遊するシニフィアン」という概念を打ち出したのであるが、ブルトンは、レヴィ＝ストロースの「マルセル・モース論文集への序文」（『人類学と社会学 I』弘文堂、一九七三年）を読んで、自らの自動記述の体験を基に、モースのいう「マナ」を、「象形文字的なもの」あるいは「アウラを帯びたシニフィアン」とみなす立場に立ったのである。デリダを初め（ドゥルーズもそうなのだが）多くの人間に衝撃を与えたレヴィ＝ストロースの見解とは以下のものである。「動物的な生活段階のいかなる時点で、またいかなる状況下に言語が出現したのかはともかくとして、言語の誕生はただ一挙にしかありえなかったのである。事物は漸次的に意味を持っていくことはできなかった」（三九頁）。

この見方は、ソシュールのいうラングの体系性（差異によってのみ成立しているとされるラング

Ferdinand de Saussure
(1857-1913)

の差異の体系）に依拠したものであることは間違いない。ブルトンとの対照性を際立たせるという意図の下に、こう言っておこう。レヴィ＝ストロースは、言語の起源を、ある空虚なシニフィアンの突然の誕生と見ている。それに対して、ブルトンは、二つの点でレヴィ＝ストロースに対立する視点を出している。

（1）レヴィ＝ストロースが、言語を、体系性という前意識的レヴェルで押さえているのに対して、ブルトンは、エスの領域として、彼の用語では「象形文字の読解」の領域として押さえる（『アンドレ・ブルトン集成7』人文書院、一九七一年、一五九頁）。

（2）ブルトンは、言語の誕生の瞬間を、自動記述の経験をベースに、「そこから、象徴が武装して現れる」巨大な貯蔵庫（『アンドレ・ブルトン集成5』人文書院、一九七〇年、一八八頁）が問われるような瞬間であると見なしている。ブルトンが「シニフィアンの誕生」という言葉で考えているものは、レヴィ＝ストロースが考えているような、体系を体系たらしめるものとしてのゼロ記号の誕生とはまったく異質な何ものかである。

ここで、セミネールの発表で私が引用したブルトンのテクストについて、デリダが、早々と一九六〇年代に、言及しているということを紹介しておこう。デリダは、過激なレヴィ＝ストロース批判を展開していた時期に、ブルトンの「吃水部におけるシュルレアリスム」の一節を引用してこう言っているのである。

「欠如は結局文の吐く息である。文は生きているのだから。《名が芽を出さなければならない。芽生えがなければ、それはうそだ》とブルトンは言った。不在と分離を意味しながら、文は警句のように生きて行く。文は孤独であり、孤独を語り、孤独を糧に生きている。文は差異《ディフェランス》の外では死文である。またもし文が孤独を打ち砕き、中断や距離や尊敬や他者との関係やいわば或る非関係を打ち砕くならば、死文となるだろう。したがって欲望や不安や孤独の形をとる文の動物性が存在するのである」(『エクリチュールと差異(上)』法政大学出版局、一九七七年、一三八頁)。

デリダのこの文章から次の二つのテーマを引き出しうる。(1)時間性を抱えた生としての「名」のテーマ。(2)文の動物性というテーマ。「シニフィアンの誕生」ということでブルトンが範例として思い描いているのは、シニフィアンであると同時に動物でもある記号であり、それをブルトンはアウラを帯びた記号(シニフィアン)と見なしている(拙稿「帰納的思考と動物たち」『シュルレアリスムの射程』せりか書房、一九九八年、一九〇頁)。これらの記号は、それを自動記述の実践の中で出てきたもの(贈与されたもの)と見なすならば、エクリチュールないし文としての記号である。これらの記号にデリダのように「文の動物性」を認めるのは難しくない。また、「生としての意味するもの《シニフィアン》の最初のそして無限のあいまいさ」(『エクリチュールと差異(上)』前掲書、一三九頁)を認めることもできよう。あるいは「芽を出す」名と呼んでもいいだろう。なぜなら、この名は、長時間の読解を要する文字、生きて成長するであろう形象的な記号だからである。

また、これらは欠如ないし過剰としての動物性を抱えた記号であるという言い方も可能だろう。デリダ的にいえば、「差延」を抱えた記号たちなのであり、ブルトンは、この差延を象形文字の読解というモチーフから語っている。ところで、彼の場合には、このモチーフに、体系からはみ出す名（とりわけ固有名）というもう一つのモチーフが重ねられてもいる。

レヴィ＝ストロースが、体系を体系たらしめるものをゼロ記号に求め、それによって体系化を図ったのに対して、ブルトンは、むしろ、体系が見えなくさせてしまうもの、体系の体系性（前意識）によって抑圧されているものをこそ語ろうと苦心したのである。彼が執着するのは、オートマティスムを通して、ときおりちらりと顔を覗かせる象形文字的なもの、にであるが、これこそは、体系を体系たるために捧げ物にされてしまう物、体系が抱えきれずに締め出してしまう過剰なもの、それがなければ真の生が不在であらざるを得ないもの、こういったものなのである。デリダは、あまり口にすることはなかったが、それなりにブルトンを読み込んでいたのである。第一章の中で紹介するデリダの肉声を通して確認できるように、デリダは、一つには、レヴィ＝ストロースとの関係の中で、もう一つには、ラカンとの関係の中で、ブルトンに注目したことがあったのである。ベンヤミンの読み手として驚異的に刺激的なデリダが、ブルトンをそれなりに読んでいなかったことなど、やはり、考えられない。その意味でも、第一章でのデリダ発言には一級の資料価値があるだろうと私は思う。

言語について（2）：ベンヤミンとデリダ

デリダがフランス語という言語境界を文字通り越境したのは、『脱構築と批評』（一九七九年）出版の頃であった。ポール・ド・マンを頭領とするイェール学派が出したこの本にデリダは「生き延びること――境界線上に」を以て参加しているが、このタイトルには、こっそりと、ベンヤミンの名が刻印されていたのである。というのは、ベンヤミンの「翻訳家の使命」の主要モチーフとは、翻訳の中で生き延び、成長する原作の「死後の生」なのだから。

デリダの思考は、本質／偶有性、本体／寄生体、内部／外部といった形而上学的な二項対立を前提するや否や抜け落ちてしまうものに向かう。彼の思考は、境界線上にあるもの、境界画定以前的なもの、形而上学的分割以前的なもの、いわば二項の間を狙う。ここから、執拗なまでに決定不可能性を召喚させるスタイルが出てくる。決定不可能性を取り逃さない場所に身を置きつつ思考すること、それと境界線上に生き延びることとはパラレルである。彼の取り上げるものの多くは（例えば署名）、内部／外部の境界線上にある何物かなのである。ところで、翻訳はパッサージュ（通過、通路、移行）の諸理論（フロイトの理論も含まれる）に深く関わるばかりではなく、それに近接する「諸文化の通過・越境」の主題にも関わる。デリダの関心が翻訳の問題へ向かう必然性ははじめからあったのである。

哲学史をふまえていえば、デリダは、六〇年代にすでに、プラトン以来問題にされてきた翻訳をめぐるアポリア、翻訳可能性に対して作品というものが不可避的にもっている抵抗をモチーフにしたアポリアに注目していた。プラトン（あるいはフッサール）が重視するのは、作品の理念性が前提にする言語表現体としての作品の身体的同一性、いわば作品の超越的、無時間的な性質である。デリダもまた、「フロイトとエクリチュールの場面」（六六年）の中で、翻訳は作品における理想的な身体をとりにがす、と言っている。たとえ、翻訳自体が作品性を持ったと仮定しても、それは同じことであり、原理上、翻訳は翻訳不可能性を回避しえないのであり、その意味では、翻訳の経験とは、もともと翻訳不可能性の経験なのである、とデリダは見なしている。プラトンはこの不可能性に対して、翻訳は翻訳でしかないからこそ翻訳はいくらでも可能なのであるという結論を導き出すのだが、デリダが翻訳のアポリアに向き合う姿勢は、プラトンと微妙に異なる。彼はむしろこう言う。翻訳不可能性の経験は翻訳可能性の経験との相関関係の中にしかありえないし、そういう形でこそ翻訳のアポリアというものがあるのだ、と。

こうしてデリダは、「私を翻訳せよ、だが私を翻訳してはならない」というバベル的な二重の命令についてのベンヤミンの省察に注目することになる。たしかにベンヤミンの中にもプラトン的なモチーフがないわけではないのだが、デリダがベンヤミンに注目するのは、ベンヤミ

Platon
(紀元前 428/ 紀元前 347)

Edmund Hussert
(1859-1938)

ンがプラトン的な文字／意味、すなわち（テクストの）理念性／意味の二項対立ではなく、「神聖なテクスト」（聖書）における文字と意味の不可分離性のモチーフをめぐる省察を展開しているからである（『他者の耳』産業図書、参照）。デリダはプラトン的な意味での言語的表現体の翻訳不可能性の問題をイディオム（固有言語）の翻訳不可能性の問題へと絞り込む方向に進むのだが、ベンヤミンのテクストの読解を通して、それをさらにメトニミックに絞り込む形で、固有名の翻訳不可能性を中心にすえた議論を展開していくことになる。

デリダの思考の磁場、その磁場の一つには、極度に抽象化されたスタイルが認められる。無数の具体的な事象をかいくぐるようにして到達されたにちがいない高度な抽象性を帯びた公式、しばしばカントのアプリオリな総合判断のそれを思わせるコンスタティヴ（事実確認的）ならざるパフォーマティヴ（行為遂行的）な公式、こういったスタイルがデリダのスタイルなのである。その顕著な例を、以下、二つあげてみよう。

デリダは飽くことなく繰り返す。「固有名とは、文化の内部であると同時に外部である」、と。固有名には、文化（広義の言語システム）に同化・統合されない何物かがある。それと同時に、固有名のない文化というものは想像できない。このように固有名は一見矛盾した二つの性質を同時に抱えている。デリダは、初期から一貫して、固有名の持つこうした特異な構造に注目している。固有名は、文化への同化に抵抗する一方で、同時に、それがなければそもそも文化自

Immanuel Kant
(1724-1894)

体が存在しえない。実はこの構造によってこそ、固有名は、形而上学的な二項対立の前提をゆさぶり、問題化を迫るのである。

文化と固有名の関係についてデリダは言う。固有名は、文化の内部にあると同時に外部にあるものである。固有名は、文化の構成体として、諸々の構成体の中の一つであるという限りでは、たしかに文化の内に位置している。しかし、それと同時に、文化に同化され尽くすということがあり得ないという限りでは、文化の外に位置してもいる。言語学的なレヴェルでいえば、固有名もまた、たしかに、諸々の語（語彙）の中の一つの語（語彙）でしかないが、しかし、固有名がたんなる一つの語でないのは、《それがなければ言語が存在しない》という性質を抱えた語であるからである。その限りでは、けっして他の諸々の語の中の一つであるとはいえない。固有名は、内と外に同時に身を置く、とデリダは繰り返し言い続ける。

デリダはこう言うであろう。固有名は「境界線上に」身を置く、と。翻訳の問題系の中で語れば、固有名が抱える独自性は、諸言語の内／外の境界線を、身体的な同一性を保ったまま、通過・越境してしまう。翻訳可能性の内部に収まってしまう普通名詞との本質的な差異がまさにここにある。そして、デリダは、この差異から出発して翻訳の問題に取り組むべきであると考えるからこそ、内／外という形而上学的な二項対立の前提をゆさぶるものとしての固有名の独自でもあり奇妙でもあるこうした構造を議論の核心部にすえているのである。

さらに言語論的に限定したレヴェルの議論への通路として、デリダは「ウィ（Oui）」の構造に注目する。彼は、ウィの問いを通して、彼の思考の磁場の極にあるものをギリギリまで絞り込んで、一つの定式化にいたる。デリダの、時に目の眩むような、簡潔なテーゼ（アフォリズム）は、ウィについての言説の中に典型的な形で登場するのだが、他の類似のテーゼ群は、それの無数のヴァリエント（変異体）であるかのように私には思える。デリダの主張の骨子は、以下のようなものである。

デリダは言うであろう。《一切の言説は、ウィを前提としている》、と。中世の存在論からカントやフッサールの超越論的哲学にいたるまで、哲学の理論は、それが理論であるという限りで、不可避的に、言語とは別のもの、テオレティカルなものに言語を基づかせざるをえない。ところが、ウィは、あらゆる言語の前提としてあるということから、超越論的哲学は、ウィを哲学化できない（哲学の中に取り込むことができない）。言い換えれば、ウィは、哲学的言説に対して、いわば超越論的なのであり、一切の言説の基（基底）にあって、その可能性の条件をなしているのである。ウィは、言語的系列の内にあると同時に言語的系列の外にある。諸カテゴリーのリストの内にあると同時に一切のカテゴリーの外にあって、それらを可能ならしめるものである。このような構造を持ったもの、それは、伝統的に、「超越論的」と呼ばれてきたものである。ところが、ウィは、こうした呼称に抵抗するだろう。なぜなら、ウィは、一見たしかに、超越論的でありながら、超越論的哲学の言語そのものの前提になっているという限りでは、超越論的でさえないからである。超越論的哲学が、そもそも、このウィを「哲学化しえない」（哲学の内部に取り込めない、同化できない）のは、哲学の言説それ自身がウィを前提にしているからである。ウィのこうした構造（特性）をデリダは「準 - 超越論的」（quasi transcendantal）と呼ぶのである（*Psyché*, Galilée,1987, p. 647-8）。

一切のコンスタティヴ（事実確認的）なものの前提をなし、その可能性の条件をなしている根源的なペルフォルマティヴ性を持つもの、それがウィであり、その構造的独自性を「準 - 超越論的」と呼びうるとすれば、固有名もまた、ある意味では、準 - 超越論性を帯びているのではないだろうか。例えば、名（固有名）の起源的・時間的な先行性を考慮した場合には、固有名は、ウィに極めて近い何物かなのである。少なくとも、次の点ではそっくりである。ウィと固有名は、どちらも、一つの語（語彙）であることはたしかであり、他のすべての語の中の一つであるという限りでは、ウィと固有名は、ともに言語の内部にある。だが、同時にまた、それがなければ言語そのものが存在しないという限りにおいては、ウィと固有名は、ともに言語の外部（背後、前提）にある。デリダは、たぶんある時期から、両者のアナロジーに注目して、この準 - 超越論性の概念を駆使して言語論の再考に踏み入ったのである。その際に導きの糸になったもの、それがベンヤミンの名の言語論、つまり、名の贈与の理論、固有名についての問いを中心にすえた言語論だったに違いない。

以上、手短に述べたことが、本書の第四章、第五章を読むための「序」の役割を果たしてくれるのではないかと思う。最後に、次のことを付け加えておきたい。デリダがベンヤミンから何を引き出そうとしたのかを遠望するための一助となると信ずるからである。

私も出席するチャンスのあった、スリジィ・ラ・サルでのデリダを囲む三度目のコロキウム、「自伝的動物」と銘打たれた研究集会（一九九七年）での次の発言を紹介しておきたい。デリダは、一回目から三回目までの三回の研究集会の連続性をこう語っているのである。「私は、《人間の終焉》、したがって人間の果てから、人間と動物の間の、《越境》へと赴いています。人間の諸境界あるいは諸終焉を通過することによって、私は動物へと赴いています」、と。この発言は、次の志向を抱え続けてきたことを告げているだろう。ベンヤミンの「翻訳者の使命」から引き出した境界線上に「生き延びる」というテーマに複合的に重なるものとして、神／人間／動物の境界を問うという巨大なテーマについて、いつの日か本格的に取り組むという志向を。それにまた、おそらくデリダは、動物論という構図の下に、この天才の最も謎めいた若書きのテクスト「言語一般および人間の言語について」との長期にわたる対話（格闘）の成果を公表する決意をしたのである。デリダの思い出を語るのに、ベンヤミンに寄せたデリダの熱い思いを中心に紹介することにしたことには、もちろん、それなりの理由があったのである。

第1章 出会いから最初の発表まで

デリダの思い出の出発点は、一九八六年一一月一二日という明確な日付を持っている。そのことについては後で述べる。今、デリダの思い出を綴るに当たって、何を選別すべきかしばし躊躇している。私の思い出は、デリダのセミネールに出席した思い出によって主に織りなされている。欠席する回数の増えた二〇〇〇年以降の数年間を除けば、デリダのセミネール最終年となった二〇〇二―三年度まで、ほぼ一五年間、コンスタントに私はセミネールに通い続けた。それだけに、どこに焦点を当てるべきか躊躇してしまう。

最初の出会いから、セミネールでの一回目の発表（一九八七年五月一三日）についてまでを、とりあえず「思い出（一）」として語ることにする。

セミネールは、デリダが高等師範学校から社会科学高等研究院に移籍して以後も、一九九一年まで、それまで通り、高等師範学校の大教室（Salle Dussane）で行われた。ジャック・ラカンも、アルチュセールの尽力で、セミネールの会場としてこの教室を使用したことがあったと記憶する。

Louis Pierre Althusser (1918-1990)

高等師範学校の専任講師（「助教」maître assistant）になった一九六四年（三四歳）から、社会科学高等研究院に、教授として移籍する一九八四年（五四歳）までの二〇年間、さらに、セミネールの会場を社会科学高等研究院に移す一九九一年まで、合計二七年間、この大教室を活動の拠点としていたのである。この間、デリダはこの境遇に完全に満足していたわけではなく、不満を一つ抱えていた。彼の制度上の資格では、修士論文、博士論文の指導ができなかったのである。かつて私の修士課程の指導教授だったポール・リクールは、退官によって空くナンテール大学教授のポストにデリダが就くことを強く希望し、デリダも出願を考え、一九八〇年、ソルボンヌ大学で国家博士号を取得している。しかし、一九八一年三月の「教授選出委員会」でマルクス主義者の対立候補に敗れ、教授のポストは得られなかった。それだけに、一九八四年秋に社会科学高等研究院の教授のポストに就任できたことは大きな喜びであったに違いない。ルイ・マラン高校時代以来の畏友であり、すでに同研究院の教授であったルイ・マランの尽力があったということを耳にしたことがあったが、ありうることだと思う。

デリダの担当講座名は、「哲学の諸制度」だったが、第二セミネール（普通の公開セミネールと並行した、指導学生向けのものだった小セミネール）の包括的タイトルは、「法の前の哲学の諸制度」という名称であった。明らかにカフカの「掟の門前で」を意識した命名だが、この第一期の四年間（一九八四―五年度から一九八七―八年度まで）にデリダが学生に課した小セミネールの

ルイ・マランとデリダ
（出典：*magazine littéraire*, no.286, mars 1991）

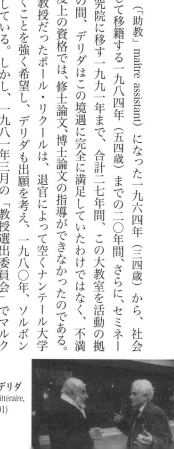

テーマは、「破門、除名」であった。私の発表のタイトルも、このことを考慮した上で選定されたものだったのである。

1 出会いから発表まで

（一） 最初の出会い

デリダとの出会いは偶然と呼んでよいものだったが、それなりの必然性もなかったわけではない。私が、アングラ劇団の中でも異彩を放っていた「劇団ホモ・フィクタス」の芥正彦主宰の地下演劇活動から離れるべくパリに向かったのは一九七六年夏のことであった。日本からの脱出を図ったのである。むろん、この脱出にはそれなりの準備が必要であった。まず、滞在許可証をとるための条件をクリヤーしなければならなかった。フランス語のレベルはお粗末極まるものだったのだが、大学に登録するためには本国での「予備登録」をまず通過しなければならなかった。そのためのフランス語のテストをかろうじてパスし、その後、ナンテール大学教授のポール・リクールから（幸運にも）修士論文の指導受け入れの許可が届き、逃避行先のパ

Paul Ricoeur
(1913-2005)

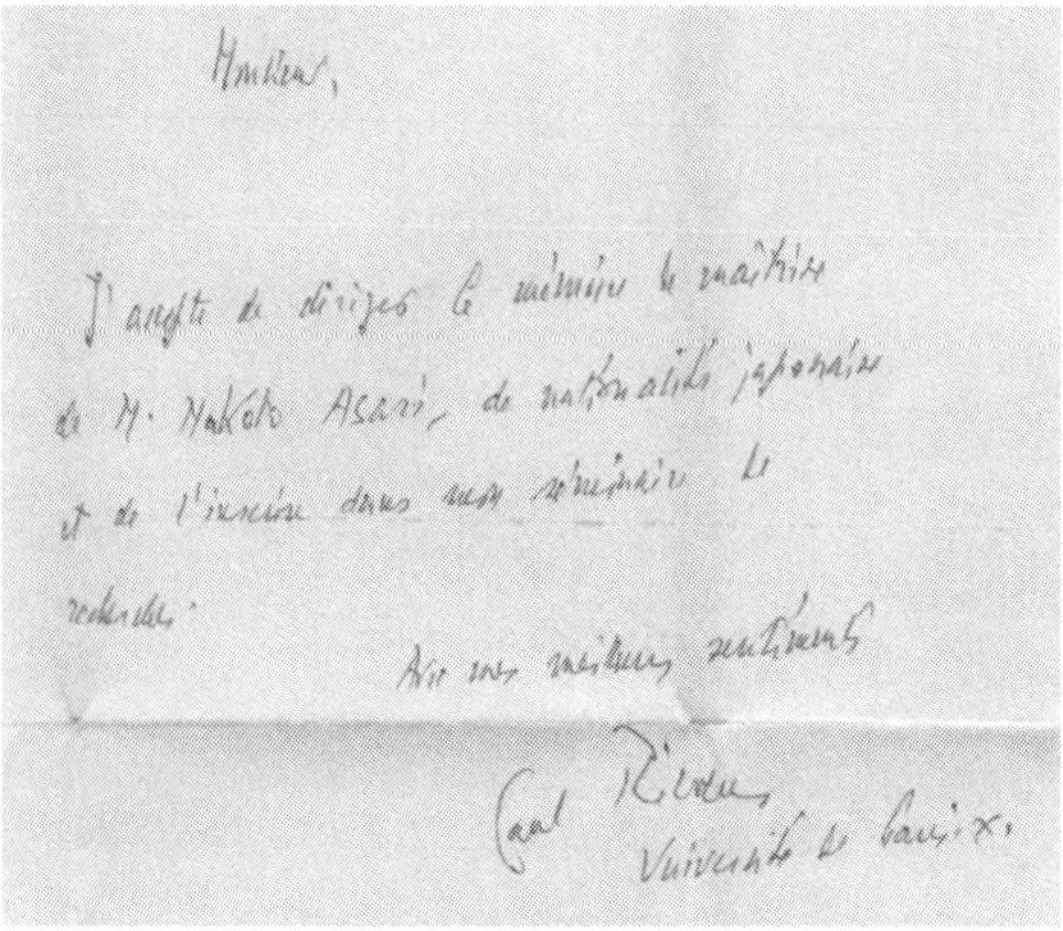
Monsieur,

J'accepte de diriger le mémoire de maîtrise de M. Makoto Asari, de nationalité japonaise et de l'inscrire dans mon séminaire de recherche.

Avec mes meilleurs sentiments

Paul Ricœur
Université de Paris X.

ポール・リクールから著者への手紙（1976年秋、著者提供）
日本人学生、浅利誠さんの修士論文の指導を引き受け、私のセミネールへの出席を許可します。
ポール・リクール パリ第十大学

リに向かうことができたのである。

ナンテール大学への留学時代は、到着した年の前年度に出版されたリクールの話題作『生きた隠喩』をひたすら読み続けた。また、この本を水先案内として、そこで引用されている重要な文献に目を通す作業を続けた。最小限の知的基礎体力を身につけようと懸命だった。特に真剣に読んだのはソシュール関係の本であったが、その時の読書体験は今日でも私の支えになっている。

リクールのセミネールは、パルマンティエ（パリの一一区）にあった。国立科学研究センター所属の「フッサール史料館」と同じ場所に設置されていた、彼がセンター長であった「現象学研究センター」で、週に二時間行われていた。私が出席した年（『生きた隠喩』から『時間と物語《レシ》』へ至る移行期）には、「物語性《ナラティヴィテ》、歴史性《イストリシテ》」がテーマであった。出席学生は、修士課程、博士課程を合わせて、多いときでも一〇人程度で、あとは研究者、大学教師とおぼしき人たちばかりであった。私の貧弱な知識では、もちろん、ついていけるようなレベルではなかった。その上、私のフランス語力では、まるで歯の立たないものであった。まったく恥ずかしいことながら、お客さんとして、部屋の奥の方に、申し訳なさそうに座っているだけのことだった。ただ、この経験は、後に、デリダのセミネールの位置づけをする上で役に立った。

ナンテール大学時代の二年間を経て、結局私は、哲学の勉強を少し離れ、パリ第三大学仏文科に移籍し、博士論文を準備することになった。日本においても、もともとは仏文科への進学を希望していたのだったが、フランス語の力があまりにも弱かったせいで、哲学科に所属するほかなかったのである。フランスに来て、念願の仏文科への所属が叶い、博士論文（「アンドレ・ブルトンにおける聖なるものの観念」）を書くことになったのである。論文完成の直前に、幸運にも、国立東洋言語・文化研究院日本学科の外人教師（lecteur）のポストに就くことができた。一九八四年秋のことである。デリダとの出会いは、ある意味で、この時期に始まっていたのだという気がする。

一九八六―七年度のデリダ・セミネールへと私を導くことになった運命の赤い糸の一本は、増田一夫氏が与えてくれたものであった。その年度の始まる半年ほど前、たまたま一年間、日本学科の同僚という仲であった増田氏（メルロ＝ポンティの研究でフランスに留学中だった）が、帰国間際に、ご自宅のアパートに招いてくれたことがあった。私が鵜飼哲氏に初めてお会いしたのもこの場でのことであった。この日、ご両人がさりげなく語ってくれたデリダ・セミネールの模様は、強烈に私の脳裏に焼き付けられた。このことが、実は、最初の出会いに導く伏線になっていたのである。ただし、デリダに接近させたもっと直截な要因ももちろんあった。その要因とは、一九八四年に始まった日本語教師の仕事そのものだったのである。

（二）セミネールの大教室まで

日本語教育の勤務三年目の一九八六年の新学期に、私は大きな危機を迎えていた。他人には目に見えない危機であった。「このままでは痴呆症になってしまう」という深刻な恐れによるものだった。国立東洋言語・文化研究院においては、勤続年数の浅い日本人は、主に一、二年生の日本語の授業を担当した。当時は日本学科の毎年の登録数がほぼ一〇〇〇人という時期であった。新学期の秋から正月休みまでの時期は、教室に入れない学生が廊下で授業を受けるという風景さえ見られた。会話の授業を増やして欲しいという学生の要望に応えて作った一年生の会話の特設クラスなどは、はじめのうち、八〇人近い数がいた。普通のクラスでも五〇人ほどであった。一年生の仏文和訳（「テームと作文」）のクラスなどは、授業開始時は一五〇人ということさえあった。こういう環境で、しかも、当時、日本学科だけが学生急増の問題を抱えているという（日本語の人気が急上昇した時期だったという）事情から、日本学科の教員の数は、懸命の嘆願も空しく、なかなか増えなかった。従って、ほぼ自動的に超過勤務を押しつけられた。

私の危機は、このように、非常に現実的な理由によるものであった。一言でいえば、痴呆化に抗する戦いという危機であった。ただし、念のためいっておきたいが、私はこの職場を嫌ったことは一度もない。逆に、母語である日本語を、日本語を母語としない学生に教えるという環境に非常に満足であった。問題は、その先にあったのである。

この仕事を始めて数ヶ月でうすうす感じ始めはいたのだが、この仕事には一つの陥穽があったのである。大脳を使いながら、同時に、大脳の活動が緩んでしまうという危険に落ち込むからである。事実、私の大脳は、三年目の新学期の始まる時点で、劇的なまでに緩んでいた。私の危機意識は深刻であった。その原因ははっきりしていた。以下のようなものであった。（1）凄まじい数の学生を抱えて、しかも超過勤務までして、語学教育に専念するという過酷な環境の中では、こうなるほかなかった。（2）その上、通信教育の添削員（「テームと作文」）の仕事も非常にきつかった。この添削以外にも、自分の学生に与える宿題の添削が既に大変な負担だった。（3）給料は、独り者であればほぼ十分といえたが、家庭持ちの私には苦しい収入であった。アルバイトの口を探すことになったが、選択肢は限られており、結局、日本語の家庭教師のアルバイトだった。ようするに明けても暮れても日本語ずくめの生活だったのである。

以上の条件から、大脳の機能停止は不可避であった。語学教育以外に大脳を使う機会を持てる余裕があったのなら危機は避けられたのだろうが、それは不可能だった。この状況がどれほどシビアなものであったかを物語るエピソードをここで挿入してみよう。一九九四年の新学期、つまり一〇年目の勤務のときに、私ははじめて、日本語教科以外に、「日本近・現代思想」の授業（週に九〇分）を担当することになったのだが、この時の身体的異変は、二四年後の今日でも、昨日のことのように蘇る。酸欠の人間が呼吸困難から抜け出したような快感（解放感）だったからである。

自分の仕事に満足感を抱きながらも、同時に、酸欠の危機感に追い詰められていたのである。そんなある日のこと、私は、授業のない水曜日（水曜日は、教授会だけに当てられていた）、コレージュ・ド・フランスに向かって歩いていた。イヴ・ボヌフォアの講義に出席しようと思ったのである。ところが、入り口の貼り紙には、ボヌフォアは、（米国での講義により）「今年は休講である」とあった。がっかりした。そのときであった。突然私は、増田、鵜飼両氏が熱い思いを

Yves Bonnefoy
(1923-2016)

込めて語ってくれたデリダ・セミネールのことを思い出したのである。高等師範学校はコレージュ・ド・フランスのすぐそばといえる距離にあった。私はそそくさとそちらを目指して歩いた。事後的に考えて、午後の四時半頃だった。一〇分ほどで私は高等師範学校に着いた。入り口の守衛に「デリダのセミネールがここで行われていると聞いてきたのですが、何時に、どこであるのでしょうか」と尋ねた。実に意外な返事が返ってきた。「デリダのセミネールなら今日ありますよ。ホールの中の廊下を左に行った突き当たりの左側の部屋です」。いわれるまま私はその教室を目指した。すぐに着いた。入り口で数人が立ち話をしていた。中に入るとすでに一〇人ほどぱらぱらと座席についていた。電気が点いていなかったせいで、薄暗い大教室であった（座席数は一九八）。五時二〇分ほど前だった。私が後方の座席に座ったころから人がどんどん増えてきた。なんと、私は、一九八六—七年度の一回目のセミネールに居合わせていたのである。定刻の五時にデリダは登場した。私は後部座席からしげしげとデリダを眺めた。あ、これがデリダか、体格のがっしりした人だな、というのが第一印象だった。そしてデリダはゆっくりと話し始めた。

　私には何の心の準備もなかった。それまで伝説上の人物に過ぎなかった世界的大哲学者を目の前に眺め、半ば夢心地であった。五分間ほど、この年のセミネールの進行などについての、恒例と思われる、型通りの短い説明がなされ、大セミネールと並行して、隔週で小セミネール

Baruch Spinoza
(1632-1671)

もあるという説明などもなされ、ほどなく一回目のセミネールに入っていった。この日の冒頭の一節は衝撃的であった。私を不意打ちにした出だしはこうであった。《前置きとして、(冒頭に置かれる)銘句に先立つ前置きとして、この問いがやってきます。「復讐とは何か?」そして「復讐、それが単に人間的なものではないとき、復讐とは何か?」・・・・》。私は、引き込まれるようにして、デリダの講義に聞き入った。そして、ほどなく、新鮮な驚きを伴って、あることに気づいたのである。「これは何事だ! 俺の眠っていた大脳がグラグラと動き出し、眠りから覚めていくじゃないか!」、ということに。二時間は魅入られた時間であった。内容は、もちろん、ほとんど理解できなかった。スピノザの『神学政治論』をとり上げた講義であったことは理解できた。また、この日のテーマが、旧約聖書の「神の復讐」であったこと、神の復讐という現実の前でスピノザが茫然自失したことをデリダが語っていたこと、そのことだけはかろうじて理解した。だが、何も聴き取れなかったに等しい。にもかかわらず、私はデリダの講義に抗いようもなく魅せられていた。

この日を初日として、ふと気づいたら、なんと私は約一五年間、ほとんど休まずに、出席し続けていたのである。どうしてこういうことになったのか。いくつかの要因があったと思われる。列挙してみよう。(1)デリダのセミネールが水曜日の一七時から一九時(小セミネールのある時は二〇時過ぎまで)であったこと。つまり、私の仕事のない曜日だったこと。会議があったにしても、急げば出席できることが多かったこと。（２）身体的レベルですでに大きな快感があったこと。（３）職場では持ちようもない、大脳を使う機会が週に二時間与えられたこと。（４）その他にも重要なものが一つあった。それは、私の語学教授の方法に一つの方向を与えてくれたこと。特に大教室での授業で、デリダが聴衆の一人一人を「マンツーマンで」引きつける《技》は、私には範とすべき貴重なモデルに思えたこと。（５）しかし、なんといっても、問いを立てる技法、一つのテーマを多元的に追い詰めていく技法といった具体的なノウハウを与えてくれるものに思えたこと。結局、デリダは、語学教育という、彼のセミネールとは一見なんの関係もないものにおいて、私に強い影響を与えることになったのである。事実、私の語学教授法に徐々に変化が生まれていった。私は（楽しみながら）デリダを模倣することを本気で実践し続けた。ただし、そのことに気づいた者はいなかっただろう。デリダの聴衆をひきつける《技》は、私には演劇術の極意のようなものとしてあったのである。

（三）発表まで

デリダのセミネールに、授業のない日である水曜日の夕方、定期的に出席することに決めるまでには、別に何の困難もなかった。だが、あまりにも感動的なものだったので、冒頭にデリダが説明した「小セミネールの取り決め」を思い出し、できればそちらにも出席してみたいという強い願望にとらえられた。

小セミネールは、原則上、学生向けのもので、学生の発表で構成されたものであり、デリダが講義することはなかった。小セミネールのあったある日、大セミネールが終わった時に、（デリダの学生でもなかった人間の挙措としてははなはだ図々しいものであることは自覚しつつも）思い切ってデリダに尋ねてみた。「発表するという条件で出席を許可していただけるか」と。「もちろん」という返事だった。こうしてその日からさっそく小セミネールにも出ることにしたのである。一月のことだったと思う。これが第一ハードルだった。

次のハードルは、発表を日程に組み込んでもらうべく、発表の計画書を提出することであった。この短い計画書の作成は実に苦しかった。博士論文の中で最も自信のある箇所を選んだ上で、セミネールの趣旨に外れないような内容にするのは容易でなかった。私の記憶では二週間かけて書いたのだったが、準備の過程で、ある瞬間、泣き出してしまった自分に気づいて我ながら仰天した。理由は自分でもよく分からなかった。あとで考えて、以下のような理由によるものであっただろうと思った。つまり、デリダに読んでもらった上で、受諾してもらえるものを提出できるような生活環境になかったということから、大きな不安にとらえられ、極度の緊張を強いられることになり、その緊張が自己制御の限界を超えてしまったのだろう、と。日課として、乳母車に入れて連れ歩いていた娘を横に置いて、一三区住まいの私が一四区に見つけた小さな勉強部屋（娘の誕生で狭いアパートに自分の居場所がなくなってしまったのである）で書き続けていたのであったが、緊張が極点に達して、なすすべもなく涙を流していたのであった。それでもようやく二週間で書き上げて、デリダに手渡し、数週間後に、発表日が五月一三日に決まったことを告げられた。第二ハードルクリヤーであった。

2 「発表」の骨子

私の発表は、ほぼ三〇分であった。なるべく簡潔に、骨子だけを示すが、最小限の説明が必要であると思える場合には、［　　］内に、それを示すことにする。まずは冒頭の発言（発表の枠組みの説明）から。

(一) 導入部

本発表は、「神話の問題」にテーマを絞り込んで、バタイユとブルトンを対比的に提示する試みですが、その枠の中で、「ブルトンにおけるマージナルなもの」について語りたいと思います。この二人は、「神話」、「祭式」、「聖なるもの」という、いわば宗教上の三大カテゴリーへの言及において交差します。しかし、私はここで、この二人を対立図式の中に位置づけたいと思います。とりわけ、両次大戦間における「神話」をめぐる二人の立ち位置の比較を試みます。対立しつつも、この二人は、互いに相手を尊重する関係にあったといえます。

図式的にいいますが、バタイユは、「神の死」というあからさまにニーチェ的なモチーフを前面に打ち出しました。それに対し、ブルトンは、神の死を一貫して回避しようとしました。「神話」をめぐる二人の対立図式は以下のものでした。まずバタイユですが、彼は、《私たちの社会（共同体）は、何らかの神話を必要としてはいますが、私たちの社会の特徴は、神話が「不在」であるという点にあると考えるべきでしょう》、といいます。それに対して、ブルトンは、自分たちの時代に固有のある種の「新しい神話」の現前を主張します。このように、二つの対立する見方がくっきりと浮き彫りになります。

両者の比較のため、ブルトンのテクストからのいくつかの引用も使いますが、主に、以下のテクストを使ってお話しします。

（1）「原案」一九四七年［この年のシュルレアリスム国際展のために書かれたブルトンによる原案］

（２）「シュルレアリスムの宗教」（バタイユ）一九四八年
（３）「社会学の道徳的意味」（バタイユ）一九四六年
（４）ワルドベルグ（Waldberg）の手紙（《WWW》所収）一九四四年
（５）「神話の不在」（バタイユ）一九四七年

［ここで、ブルトンの「原案」の説明として最小限必要と思われるものを示す］。

以下に図示されるものには、展覧会の会場の一室が設けられるが、参加者への招請状の抜粋の一部を占めるものであり、次の意図に従って配置されたものである。

《シュルレアリスムが熱望するところのものは、一九四七年展においては、詩的にも造形的にも同時に表現されなければなりませんが、その際の共通の尺度は、新しい神話の表現の方向に求められるものであり、それに、こうした神話は、今日萌芽的ないし潜在的な状態で実在していると考えられます》（『シュルレアリスムの変貌』国文社、一九七三年、二三四頁）

《八角形の十二の蜂の巣状の小仕切りの各々（高さ三メートルの石台で区切られている）は、神話的生命が授けられうるようなひとつの存在、存在の一カテゴリー、あるいは一つの事物に当てられ》る（同、二三六―七頁）

１　世俗の虎　　ジャン・フェリー『世俗の虎』

2	ファルメルの髪の毛	ロートレアモン「第四の歌」
3	たる形さぼてんの上の毒とかげ	Gila Monster and Berrel Cacutus
4	ジャン・サブルナ	ジャリ『ラ・ドラゴンヌ』
5	レオニー・オーボワ・ダシュビー	ランボー「献身」
6	蛇食鳥	マックス・エルンスト
7	重々しい介添人	デュシャン「裸にされた花嫁」
8	アメリカ産もぐら	Star nosed mole
9	狼テーブル	ブローネル
10	レイモン・ルーセル	ルーセル本人
11	大透かし絵	ブルトン
12	マグナ・セド・アプタの窓	『ペーター・イベッソン』

私の確信するところでは、ブルトンの構想する「新しい神話」の主要構成素にロートレアモンとランボーからとられた二構成素があることに注目しないとブルトンの構想は絶対に把握できない。

（二）発表の第一部「バタイユとブルトン」

この二人は、両次大戦間を代表するような人物でしたが、二人は各自各様、知の舞台に、排除されたもの、呪われたもの、禁じられたもの、マージナルなものを載せた二人でもありました。ところで、二人に共通の気遣いは、ファシズム、ナチズムの台頭の時期に、それに抗して、共同戦線を組織することでした。まずは、次の時代認識を共有していました。この不安な時代にあって、二人は、彼らの社会が喪失してしまったと思われるものがあることを自覚する必要を共有しておりました。それをバタイユは次のように表現しました。私たちが失ったのは、社会における「人を互いに結びつける凝集力の秘法」である、と。この認識の下に、バタイユは、シュルレアリスムによる、「この凝集力の秘法を神話に基づかせる」試みを高く評価したいということを表明します。しかし、それと同時に、シュルレアリスムに対する留保（距離を置く意思）をも表明します。

ところで、留保を表明しつつも、バタイユは、シュルレアリスムに対して、かなり微妙な立場をとり続けます。たとえば「社会学の道徳的意味」（一九四六年）の中で、今日の「秘密結社（副次的共同体）の可能性」の代表例として、ニーチェとブルトンを挙げて、ブルトンに大きな重要性を与えています。

Georges Battaille
(1897-1962)

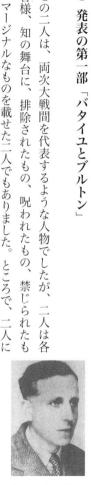

この二人は、一九三〇年代以来、接近と離反の交錯するコースをたどったといえますが、簡単に図式化していうと、バタイユは、ニーチェ的「神の死の路線」を歩みますが、ブルトンは、一貫して「ロートレアモンの路線」をそれに対置させます。ブルトンの狙いは明らかです。彼は、ニーチェ的問いの立て方を回避する路線があるということを執拗に主張し続けました。ブルトンは、ロートレアモンの立ち位置を次のように解釈します。《神の存在を否認することも、神の死を肯定することも、どちらも意味がない。重要なのは、むしろ、私たちの神の記憶が存続する限り効力を失うことのないものである「神の現前」に対して、それに対抗できるもの、つまり「何物かの現前」をもって、言いかえれば、「隔たり」をもって、「神の現前」を向こうに押しやることこそが重要である》。このようにロートレアモンはいっているのだと解釈します。オクタビオ・パスは、このようなブルトンの立ち位置を次のように表現しています。これは私の要約なのですが、《バタイユとサルトルは、「キリスト教の叛逆児」だが、ブルトンの血統は少し違う。なぜなら、ブルトンは次の考えを手放したことがないからだ。つまり、「キリスト教徒だけが神を死へともたらすことができるのである」、という考えを》（『ユリイカ』ダダ・シュルレアリスム特集号、一九八一年五月臨時増刊号、「アンドレ・ブルトンあるいは起点の探究」、三二九頁参照）。

ブルトン自身、形而上学の枠組みを徹底的に回避するという意図の下に、バタイユに対して、ニーチェを準拠事項として持ってくることを徹底的に斥けます。今日的神話の在り方として、

Octavio Paz
(1914-1998)

一貫してニーチェ的なものを顕揚したバタイユでしたが（バタイユは、「神話の不在」こそ、今日の私たちの神話である、あるいは、自分としては「無頭の（アセファルな）神話」の創造を目論んでいると公言しました）、ブルトンの方は、上で見た《原案》で外形を与えているように、彼のいう「新しい神話」とは、バタイユの見方に対して、意図的に遠く隔たろうとするものでした。

バタイユの方はどうだったかというと、神話の創造、祭式の創造について考えることの今日的必要性については賛同しています。しかし、同時に、以下の二つの留保を突きつけることも忘れません。（1）神話を創造することに成功したと仮定して、さて、ブルトンよ、あなたは、どうやって共同体の他のメンバーの賛同を得るつもりなのか、という問いを突きつけます。もう一つは、（2）今日の私たちの社会においては、「神話の不在」というものが、おそらく、私たちの唯一の真の神話であるというべきではないか、と主張して、こういいます。《かつて、神話が、日常生活に結びついていた、その神話よりも、はるかに人を熱狂させる神話、それが神話の不在である》（「神話の不在」）、と。

このように、バタイユは、徹底的に「不在」という語を多用します（私は、本発表の中で、「不在」という用語の使用例とその頻度を統計表に取ったものを読み上げた）。バタイユのレトリックでは、「不在」は、「強度」によってのみ支えられた一種の「現前」としてとらえられているといえます。つまり、ここには、バタイユ流儀のニーチェ主義が見られます。

それに対して、バタイユの意見を相当に気にしながら、それでも、ブルトンは自説を貫こうとしました。ブルトンがバタイユに賛同できなかったのは、たとえば、ナチズムにおける「神話」の顕揚の一例として、『二十世紀の神話』の著者、ローゼンベルクなどは、あからさまに北方系の神話（戦争の神の「オーディン」神話など）を召喚しているのに対して、バタイユが、「神話の不在」あるいは、あからさまにニーチェ主義的な「無頭（アセファル）」の神話を対置させる点です。一方のブルトンは、対ファシズム、対ナチズムの戦略として、「不在」の概念を前面に打ち出すバタイユの流儀にはまったく与することなく、あくまでも新しい神話の「現前」の必要を訴え続けます。

ここで、この両者の「今日の神話の創造」という共通の企図における相違点を浮き彫りにさせてくれる貴重な証言として、バタイユのグループとブルトンのグループの間を揺れ動いたパトリック・ワルドベルクの発言を参照したいと思います。

ワルドベルクが妻のイザベルに宛てた書簡の一節です。この二人は、人身供儀さえもプログラムに含めたバタイユのアセファル（秘密結社）のメンバーでした。バタイユを中心とするこの秘密結社は、Saint-Nom-la-Bretêche の森で「アセファルの神話」を創るという意図さえ表明していました。ワルドベルクは、一九四三年九月、ブルトンが、「神話の創造」を主題とした「宗教的な次元の企図」について意見を表明した場に出席しています。そのときのことをこう証言

Alfred Rosenberg
(1893-1946)

しています。ブルトンの発言は、以下のようなものであった、と。《神話の出現というものは、たとえば、「無頭（アセファル）」といった象徴などのように、あまりにも意識的な選択物によって方向づけられるべきではない。むしろ、大事なのは、「偶然」に任せるということです》。あるいは、《神話の本性とか、神話の表象などといったものには、なんの重要性もないのです。まったく逆に、頭を下げて、前方へと突き進むことだけが重要なのです。つまり、すべてを偶然に委ねることが重要なのです。そして、実際上、オブジェとしては、どんなものであってもいいのです。どんなありふれたオブジェであっても構わない、たとえば（ブルトンはここで「灰皿」をとり上げて）この「スクップ（受け皿）」、これだって完璧に崇拝のオブジェ（対象）たりうるのですよ》。

さて、ここで私は、ワルドベルクがブルトンに対してなしている唯一の留保についていっておきたいと思います。彼の目には、ブルトンの構想の中では、「芸術の占める部分（割合）」が大きすぎるように思われるという留保です。［私の発表についての説明を加えさせていただく。ブルトンにとっては、「新しい神話の創造」は、「芸術作品」の「作品」という概念をキーワードとすることによって、彼の言説が構築されています。実をいえば、本発表のタイプ原稿（当日デリダに手渡したもの）の一四頁の中の五頁を占める長さでした。なお、私の発表の説明の最後として、デリダの発言を理解する上で不可欠のものであるブルトンのテクストの引用箇所をここで示しておきます。デリダは、この二つの引用（ブルトンの文章）に対するまさに驚嘆すべき鋭いコメントを与えることになります」。

引用1《ほんとうのデカダンス、ほんとうの退廃は、芸術その他の領域における発見の意志を、おのれの対立物としている。つまりそれは、次のような基本的な兆候と結びついた、あらゆる強迫観念に従属しているのだ。その兆候というのは、意味された事物における意味する記号の存続であって、これは不可避的に、不寛容を呼び起こし、いっさいの教理は、つねにこのことを通して終わりを告げるのだ。》

（『アンドレ・ブルトン集成7』人文書院、一九七一年、「第二の方舟」、一六五頁）

引用2《これまでとくに強調されてきたのは、この筆記法の産物を検討することによって、抑制のない欲望がそそり立つ領域に、また神話が天翔る領域に深照燈が向けられたということだ。言語にその真の生命を取り戻させる作業、すなわちもともとできようはずのない、意味されたものからそのあとに生き延びる記号へと遡るようなことは思いきり、いっきょに意味するものの誕生へ移る作業の意義と範囲については、まだ充分に説かれてはいないように思われる。》

（『アンドレ・ブルトン集成5』人文書院、一九七〇年、「吃水部におけるシュルレアリスム」、一四三頁）

3 デリダのコメント

この3では、デリダの発言（コメント）を、できるだけそのまま、再現するように心がける。四〇分ほどの分量である。説明は最小限にとどめ、デリダの発言のみを伝えるよう努める。私の説明部分以外はすべてデリダの発言である。デリダの発言を以下の図式に従って紹介する。(一) 不満表明、(二) 政治的次元、(三) ラカン、レヴィ＝ストロースとブルトンについて、(四)「神話の創造」をめぐって。

(一) 不満表明

冒頭で述べたように、小セミネールには「法の前の哲学の諸制度」というタイトルが付されていた。具体的にデリダがテーマとして提起したのは「破門、除名」であった。私は、このデリダの要請に従う努力だけはしようと思い、「《原案》：排除されたものとマージナルなもののトポロジー」というタイトルを選んだ。デリダの期待に沿えないだろうということはある程度意識していた。案の定、デリダは、軽くではあったが、不満を表明した。次のように。

マージナル性について語るということだったので、てっきり私は、あなたが、ブルトンとバタイユがマージナル性について語るということだけではなく、彼らがそれをどのように実践したかについても語るものと思っていました。というのは、「破門、除名というテーマにおいて」実際に何が行われたのか。そこにおける「破門、除名」はどんなものだったのか。というのは、この小セミネールのもともとのテーマは、「破門、除名」でしたからね。この二つの共同体において、破門が大いに実践としてなされたということは知られています。「テル・ケル」グループについて、「テル・ケルはシュルレアリスト達を引き継ぐグループであった」ということがよくいわれます。またテル・ケルの連中は、しばしば、自分たちがコレージュ・ド・ソシオロジーを引き継いでいるのだといいました。この二つのグループが、少なくとも共通なものとしていたもの、それは、排除、破門、宣言文書の発行、といったものでした。壮大に見える面、下らなく見える面、この両面がありましたけど、彼らのテクストを読み返してみて、特に、コレージュ・ド・ソシオロジーのテクストの場合がそうですけど、やはり驚かされますね。一方で、おそろしく壮大なものを抱えているかと思うと、もう一方では、いささかボーイスカウト的、中学生（青二才）的なので、驚かされます。シュルレアリストにもそういう面がありましたけどね。さて、秘密結社的だったにしろ、そうでなかったにしろ、この二つの共同体は、いわば、破門やら除名やらといった奇妙な実践のはびこった共同体でした。歴史的コンテクストでいえば、ファシズム、ナチズムの、台頭のみならず定着化、それを歴史的背景にした共同体でした。それで、やはりこういっておくべきですけど、この共同体の在り方は、やはり特殊フランス的現象でした。

［デリダが、最初から最後まで、軽いアイロニーを込めて語っていたのが印象的であった］。

（二） 政治的次元

［冒頭陳述として、デリダは、以下のように、発表者の私に代わって、歴史的文脈における政治的次元を見事に浮き彫りにしてみせた］。

この二人の言説は、ファシズム／ナチズムの台頭と切り離せないわけですが、彼らは、それぞれの仕方で、この神話‐政治的な突発的再出現を免れようとしました。さて、あなたのいったことは、実際、とても明快で裏付けのしっかりしたテクストを典拠にしていますが、両者の違いがどこにあるかというと、バタイユの方は、その時代に対して、否定的様式にとどまることで、いわばヘーゲル主義的であると同時にニーチェ主義的であるという伝統の中におり、その限りでは、ニーチェとの親近性を持つと同様、こういってよければ、「ヘーゲルなきヘーゲル主義」を再確認するという立場をとり、彼自身が対決しようとしている当のものに対して、危険なまでに近い関係を持ちました。政治的な観点からしたら、バタイユの中には、ファシズムとナチズムに対して、最も断固たる対決の姿勢がある一方で、それらに対決するために、一種の神話論的秘密結社を再興させるという試みもありました。この秘密結社は、「神話の不在」を「一つの神話」と呼び、「神話の不在」がたんに否定的なものにとどまるという事態に甘んじることなく、「不在」によって、真に神話的かつ詩的な「力」というものを作り上げようとしました。まさに「神話の不在」という「熱狂」によってです。《かつて神話が日常生活に結びついていた時よりも限りなく熱狂的な》「神話の不在」というものによってです。もちろん、このバタイユの発言は、政治的観点からしたら、そうとう気がかりなものです。

一方の、ブルトンの方はどうかというと、ようするに、「実体化する hypostasier」「本来実体化できないものを実体化させる、たとえば不在という観念を（「現前」へと）実体化させること」危険を拒否しようとします。確かに、この拒否の方が政治的にはより慎重でしょう。ブルトンは、フロイトに依拠することで、ヘーゲル、ニーチェへの依拠を避けるわけです。しかし、ブルトンの側にも問題はあります。ブルトンは、神話の創造において、「芸術」に特権的地位を与えますが、ファシズムとナチズムもまた、芸術と神話を結びつけるにあたって、「芸術」に特権的な地位を与えました。ですから、彼らは、共に、自分たちが対決した当のもの（ファシズム、

Friedrich Wilhelm
Nietzsche
(1844-1900)

Georg Wilhelm
Friedrich
Hegel
(1770-1831)

ナチズム）の時代に、彼ら自身、内属しているわけです。結局のところ、私たちは、このように、一種の、極めて気がかりな、組み合わせプログラム（programme combinatoire）を持っていることになるのです。

デリダはさらに、次の興味深い意見を加えた。

ファシズムは「政治の美学化」であるとベンヤミンがいいましたけど・・・・。ここで、「聖なるもの」「神話」についてのバタイユとブルトンの、文字通り政治的な翻訳がいかなるものであったかを見ようと思ったら、こういえます。ブルトンの場合は、トロツキーとの親和性についての表明があり、バタイユの場合には、戦後になってからですが、『呪われた部分』をもってなされた、「マーシャル・プラン」についての、大いに不安をかきたてる表明がありました。どちらも、政治的にはいささか軽い解釈でした。彼らの表明を、文字通り政治的な言説――というのは、あなたが引用したテクストもまた政治的次元を抱えているのですから――文字通り政治的言説として見た場合、「無責任」とまではあえていいませんけど、しかし、結局のところ、二人の言説は、かなり慎重さを欠いたものであったと私は思います。

デリダには、バタイユの『呪われた部分』についての突っ込んだ言及があるが、この短いス

Lev Davidovich Trotsky
(1879-1940)
メキシコ亡命中の写真

Iosif Vissarionovich Stalin
(1878-1953)

トレートなバタイユ評は、デリダによるバタイユの受け止め方を再考する上で参考になりそうである。また、ブルトンに関するデリダのこの指摘には興味深いものがある。たとえば、スターリンによるトロツキーの暗殺にブルトンは、図らずも、一役買っただろうと私は常々考えている。なぜなら、第一に、三〇年代のシュルレアリスムとモスクワの関係は、かなり人目を引くものであった。とうぜんスターリンはそれなりの情報を得ていたはずである。第二に、ブルトンがメキシコに亡命中のトロツキーに会いに行き、トロツキーとの合作の「独立革命芸術のために」（一九三八年七月二五日）を（トロツキーの要請により、トロツキーの署名をディエゴ・リベラのそれで置き換えたとはいえ）発表していることをスターリンが見逃すはずなどなかったと思うからである。ブルトンにはこういう軽い面があった。しかし、それ以上に、デリダのこのブルトン評は、ブルトンのある種の弱さを鋭く衝いているだろう。デリダが示唆しているように、ブルトンは、政治的立場上の、トロツキーとの親和性を表明しながらも、それを理論的、イデオロギー的に明示したとはいえないからである。

（三）ラカン、レヴィ＝ストロースとブルトン

次にデリダは、私の発表を聞いて強い興味を惹かれたという一点に移った。これがデリダの

Diego Rivera
(1886-1957)

コメントの主要部をなす。デリダのコメントは意表を衝くものであった。デリダは、まず、ラカンとブルトンの間には、共犯関係があったと指摘した。さらに、同じことがレヴィ＝ストロースについてもいえると指摘した。後日じっくり反芻してみて、実に鋭い洞察であると思うようになった。ラカンとブルトンの関係については、ずっと後になって、デリダのいったことが的を射ているという確信を持つにいたった。ラカンの「ボロメオの結び目（環）」は、私なりに調べたところ、たしかに、一つの源泉を、ブルトンの『現実僅少論序説（プロレゴメナ）』の読みの中に認めうるのである（拙論「柄谷行人論―ブルトンと柄谷、ボロメオの環の手前で」『國文學』二〇〇四年五月号、四〇―四二頁参照）。また、デリダが鋭く注目した、ブルトンの文章の中で使われている「シニフィアン」という語は、まちがいなく、レヴィ＝ストロースの「浮遊するシニフィアン」を念頭に置いた言葉だったのである（拙論「レヴィ＝ストロースとブルトンの記号理論―浮遊するシニフィアンとアウラを帯びたシニフィアン」『文化解体の想像力』人文書院、二〇〇〇年、五七頁参照）。以上を前置きにして、デリダの発言に移る。

　ブルトンにおけるシニフィアンとシニフィエに関して、まず、歴史的事柄に関わることですけど、ある時期のラカンにおけるシニフィアンがどんなものであったかに興味のある人には、――シュルレアリスム運動との、アンドレ・ブルトンとの共犯関係に言及せずには、ラカンを

Jacques-Marie-Émile
Lacan
(1901-1981)

うまく理解できないと私は思っています――「浮遊するシニフィアン」についてあなたが引用した文ですけど、《いっきょに意味するものの誕生へ移る作業と意義の範囲については、まだ充分に説かれていないように思われる》。もう一つの引用もそうなのですが、これらの引用は、シュルレアリスムにとってのシニフィアン（意味するもの）の問いがいかなるものであったかをよく示しています。ところで、この観点からしたら、――ご存知のように、ラカンは、ある一時期、彼が若かったころですが、シュルレアリスムの歴史に深く巻き込まれていました――、ブルトンは、ようするに、シニフィアン（意味するもの）は、シニフィエ（意味されるもの）から分離されているという限りで、あるいは、シニフィエの中で生き延びているという限りで、ドグマティズムの起源である、といいます。したがって、政治的、神話的教条主義などの起源でもある、と。不寛容の起源である、と。《意味された事物における意味する記号の存続であって、これは不可避的に、不寛容を呼び起こし、いっさいの教条（ドグマ）は、つねにこのことを通して終わりを告げるのだ》。

ですから、このように、シニフィアンへの執着と教条主義、あるいは不寛容の暴力との間には本質的な関係があります。それで、ブルトンが関心を持つのは、シニフィアンが誕生する瞬間、すなわち、シニフィエに対する、シニフィアンの過剰の可能性が、暴力の可能性を生みだしつつ、現れる瞬間についてです。

　私がラカンについていったことは、レヴィ＝ストロースにも当てはまります。レヴィ＝ストロースという人は、ここで私は、レヴィ＝ストロースの「マルセル・モース論文集への序文」を特に念頭においていうのですが、この序文の中で、ランガージュの起源を空虚なシニフィアンの出現として分析していますが、この空虚なシニフィアンは、「いっきょに」現れます。「マナ」がそうであるように。シニフィアン、したがってランガージュが、たったひとりで、シニフィエが不在のまま、機能し始めることができるこの瞬間、それは、同時に、神話の可能性、社会の可能性、暴力の可能性の出現の瞬間です。ですから、ブルトンにとって、なすべきことは、むろん「いっきょにシニフィアン（意味するもの）の誕生へ移る」ことです。

　――ここにいる皆さんがあなたのテクストを目の前にしているわけではありませんから――あなたの引用を読みますね。『吃水部におけるシュルレアリスム』からの引用です。《言語にその真の生命を取り戻させる作業、すなわちもともとできようはずのない意味されるものから、そのあとに生き延びる記号へ遡るようなことは思い切り、いっきょに意味するものの誕生へ移る作業の意義と範囲については、まだ充分に説かれていないように思われる》。［ブルトンにとって、なすべきことは、］この移行、つまり、シニフィエからシニフィアンへの移行、それを試みることです。だいいち、ブルトンは、［意味されるものから、そのあとに生き延びる記号へと遡ることは、］《もともとできようはずがない》というのですが、［だから］いっきょにシニフィアンの誕生へ移る、つまり、シニフィアンが現れるゼロ地点にということですけど、それは、まさに一つの過剰の可能性、シニフィエに対する一つの隔たりの可能性として現れる、ということです。そして、ブルトンにとっては、もしも、自分を不動化させてしまいたくないのならば、あるいは、すでに形成され終えたシニフィアンという所与に自足したくないのであれば、まさにそのこと［シニフィアンに対する一つの隔たり（一つの過剰）の可能性としてあること］を捉え返すことこそが重要なわけです。なぜなら、シニフィアンがその起源、その誕生から切り離されている限り、教条主義、教条主義的頑迷さ、不寛容を生み出すことになるからです。したがって、絶えずシニフィアンの誕生に立ち戻らねばならない、つまり、シニフィアンが、その自立性の中で、シニフィエからまだ切り離されていない地点に立ち戻らねばならないということです。

ここまで一気にまくし立てたデリダは、私に次の質問を以て詰め寄ってきた。デリダがこの種の質問で相手を追いつめるときの迫力には凄まじいものがあり、相手を震え上がらせるほどのものであることは、発表をしたことのある学生ならよく知っているはずである。案の定、私はタジタジだった。

さて、あなたが「ブルトン的論理」と呼ぶもの——それは、これらの表明の中で示されていますけど――このブルトン的論理とは、伝統的なものなのでしょうか。結局のところ、シニフィアンに対する伝統的な批判なのでしょうか。つねに、シニフィエに立ち返れ、つまりシニフィエとシニフィアンがいまだに分離できない地点、ランガージュの起源へ立ち返れ、という呼びかけなのでしょうか。それとも、ブルトンの論理は、あなたには、なにかもっと独創的なものに思えるものなのでしょうか。

私の返答は、要領の得ない、メロメロのものであった。業をにやしたデリダは、自ら助け舟を出してくれ、こう続けた。

ほら、このブルトンの文章の引用ですけど《ほんとうのデカダンス、ほんとうの退廃は、芸術その他の領域における発見の意志を、おのれの対立物としている。つまり、それは、次のような基本的な兆候と結びついた、あらゆる強迫観念に従属しているのだ。その兆候というのは、意味された事物における意味する記号の存続であって、これは不可避的に、不寛容を呼び起こし、いっさいの教理は、つねにこのことを通して終わりを告げるのだ》、こうありますよね。ブルトンは、少なくともこういいたいのだと私は思いますね。ほんとうのデカダンス、ほんとうの頽廃は、シニフィアンの強迫観念に結びついている、と。それでは、強迫観念とは何か？

それは、意味されるものの中で生き延びているシニフィアンに対する興味です。意味されるものは消えた。私たちはシニフィアンを持っている。シニフィアンはなにものでもない。なにものでもないものだが、この「無」が人を惹きつけるのであり、人に取り憑くのである。シニフィアンは亡霊のように人に取り憑く。シニフィアンは、消えてしまった意味されるものの亡霊である。そして、この強迫観念、魅惑された強迫観念のこの関係、それが、頽廃です。そして、それが不寛容です。不寛容な人とは、強迫観念に取り憑かれた人のことです。そして、これは、ナショナリストの、神話論的なナショナリストの不寛容というもののあらゆる形式に当てはまります。シニフィアンに取り憑かれること、それはシニフィアンの次元のことです。

浅利：あのー、ブルトン的論理の特異性とは、この問題に関しては、デカダンスや頽廃を乗り越えるために、「否定」に訴えないことです。「否定」にではなく、事物に対しては別の事物を対置するという仕方で、つねに「隔たり」に訴えます。ブルトンの論理に欠けているのは「不在なのは」、この「否定」です。

デリダ：ええ。でも、彼は否定を欲しないということでしょう。否定を欲しない。つまりですね、ある強迫観念に対して、「意味されるものの現前を再び見出すために、強迫観念を消さないといけない、強迫観念を否認しなければならない」とはいわないですよね。そうではなく、「隔たりを示さなければならない、したがって、一つの別のロジックに身を投じなければならない」といいます。それに、ブルトンが「シニフィアン」についていっていることは、「神」についてもいっていますね。つまり、あなたがとてもよく示したように、彼は「神の不在」に賛成ではないですね。なぜなら、神の不在は、神の現前に対してオマージュをささげることにしかならないからです。

さて、これまであなたが示したことですが、まさにここに主要な賭けがあるのだと思うのです。それは［たとえば、カトリックの詩人が、ランボーやロートレアモンを、カトリックの側に取り込もうとする挙措に対してなされる］ロートレアモンの「再我有化」［カトリック的解釈から奪還する］という賭けです。ブルトンにとっては、クローデルにとってそうだったように、ロートレアモンは一つの大きな準拠（すべき対象）です。ただし、ロートレアモンを、神の否定という意味での、無神論者とはみなさないことが肝要です。かりに、ロートレアモンを無神論者にしてしまったら、これはアウトですよね。そうなったら、ロートレアモンを再キリスト教化することになってしまいますからね。ブルトンにいわせれば、クローデルがそうしたということになるのですが［注：この一節はデリダを精神分析する格好の材料を与えているかもしれない。デリダは、普通だったら、ランボーについていうべきことを、ロートレアモンに

Paul Claudel
(1868-1955)

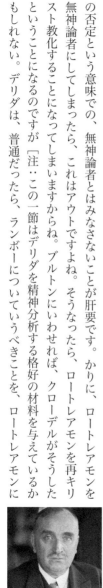

ついても同じことがいえると、とりあえず決めてかかったのだと私は推測する。クローデルがロートレアモンについて、こういうコンテクストで語ったことはないはずだから。デリダには、ロートレアモンに対する特殊な思い入れがあったようだが、テル・ケル・グループのマルスラン・プレーネが『ロートレアモン』という有名な本の著者であることをデリダが知らなかったなどということは考えられない。驚くほど正確で厳正な人デリダによる、この意識的な「不訂正」は大きな好奇心をかきたてる」。ですから、彼の考えでは、現前を不在に変容させることで、バタイユの場合のように、不在と現前の弁証法の中に巻き込まれっぱなしになることを回避することが大事だということです。バタイユの立場は、神話はダメ、大事なのは神話の不在である、「神話の不在」万歳、「不在」万歳、というものでした。これは、ブルトンにいわせれば、とうぜん、神の死の再ヘーゲル化、再キリスト教化ということになります。だからブルトンは、バタイユに対して、隔たりのロジック、ある別のロジックを提示します。まさにここで、フロイトへの言及を持ってきます。結局、これこそが彼のなさんとしたことですが、フロイトへの言及によって、非ヘーゲル的、非キリスト教的といった「別の論理」の方向に進みます。ブルトンによれば、バタイユは、キリスト教的モード、ヘーゲル的モードにとどまっています。べつに彼が正しいとは私はいいませんが、二人の言い争いにおけるブルトンの持ち札というのがこれでした。もちろん、バタイユにいわせたら、ブルトンの方こそ、不在の果てまで行くことも

Sigmund Freud
(1856-1939)

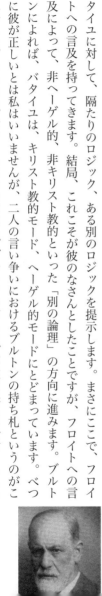

できず、ぐずぐず災難に遭い続けている、ということになるわけです。

(四)「神話の創造」

ここで、デリダの、最後の短いコメントに移る。

学生：「なんでもかんでも (n'importe quoi)」から神話が創れるのだとしたら、例えば、灰皿から……

デリダ：灰皿は、なんでもかんでもじゃないね。ブルトンの挙げている例は、途方もないね。彼は、灰皿（cendrier）を持ち上げておきながら、「この［たとえば聖杯 Coupe を喚起させる］受け皿 soucoupe」といっているのであって、「灰皿」とは呼んでないわけですよ。この場面のブルトンの発言を再現させてみましょうか。《どんなオブジェだって、たとえば、この受け皿とか・・・・》。あなたの質問を中断させて悪いのだけど、ちょっといわせて下さい。ブルトンは、「受け皿 soucoupe」と「灰皿 cendrier」、これらをありきたりのオブジェだとみなしています。まるで、灰皿以外のものを決して崇拝したことはないのだ、とでもいいたいかのようにね。

学生：私の質問はそういうことではないのです。ブルトンは「なんでもかんでも」といったのですか？

デリダ：まさにそうはいわなかったのです。フロイトに準拠する人間の発言だけに、「なんでもかんでも」への準拠は、それだけいっそう人を唖然とさせますよ。フロイトにとっては、「なんでもかんでも」などというものはけっして存在しないのですから。ただ、これはブルトンではなく、ワルドベルクが書いている言葉です。《ブルトンは、こう断言しました。神話の本性、神話の表象、そんなものにはまったく何の重要性もないのであって、むしろ逆に、頭を下げて［何も見ずに］突き進むことだけが重要なのです、と。つまり、すべてを偶然に委ねればいいのだ、と。事実上、どんなものだろうが、たとえばこの灰皿だが、といって、灰皿を高く持ち上げて、この「受け皿 soucoupe」といったものとか・・・・》。

したがって、ワルドベルクは、ブルトンの情動的挙措に準拠しているのです。たとえば、この「杯 coupe」［ワルドベルクは「受け皿 soucoupe」としかいっていないのだが、デリダは「杯 coupe」と言い換えている］が、完全に祭式のオブジェたりうる、と。灰皿に向かって、頭を下げて突進する、その実、実際は灰皿でしかない「受け皿」へ向けて突き進む、そして、人はいかなるオブジェをも崇めることができるのである、と。

デリダは、「あきれたもんだ」といわんばかりの口調で、コメントを終えた。デリダのコメントを中心にした討論はこれで終わりとなった。私はただただ驚嘆と感動の入り混じった余韻の中に、呆然ととり残されていた。今でも昨日のことのように蘇る生々しい思い出である。デリダのコメントは強烈であった。よく理解できるようになるまでにはずいぶん時間がかかったが、それでも、発表を終えて家路についたときに、ゆっくり歩きながら、私はつくづく思った。デリダの横に座って、自分の発表に対するコメントをこういう形でもらうという体験を経ない限り、デリダから発せられたこれら驚くべき言葉の数々が、発表者をどのような問いの地平へと連れ出すことになるかを実感することなどできはしないだろう、と思った。つまり、答えのない開かれた問いの戸口まで、この哲学者が、即興のパフォーマンスで、有無をいわさず連れ出してしまうのだ、と思った。もちろんその地点に私は放置された。しかし、これこそがかけがいのない贈与というものではないかと考えた。問いは私自身によって閉じられるまで、ずっと開かれたままであり続けるのだろう。

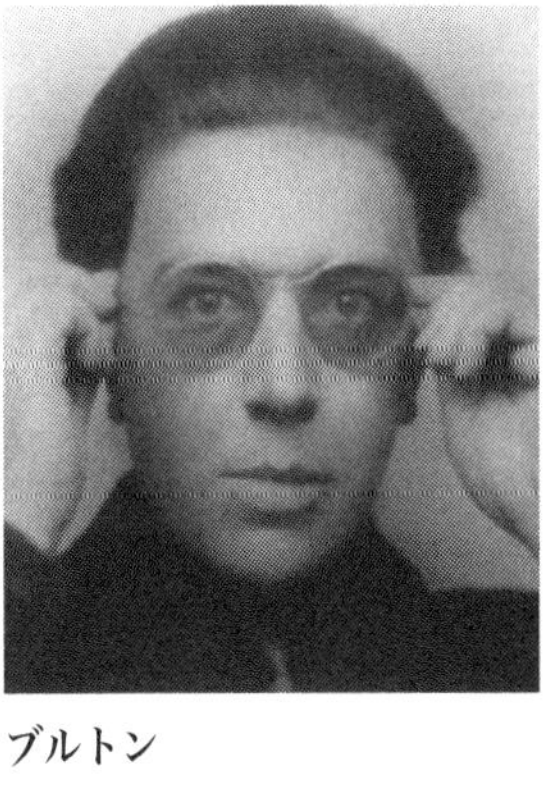

ブルトン

第2章　ハイデガー問題

1　ハイデガー問題の中のデリダ

（一）重層的決定の中の三つの因果性

ハイデガー問題は、一九八七―八八年度のセミネールの始まる直前の十月に突発した。この事件でデリダが多方面からの標的にされたことは明らかで、それを裏づけるのは難しくない。この事件に関しては、すでに詳しく論じたことがあるので（フィリップ・ラクー＝ラバルト『政治という虚構』藤原書店、一九九二年、「あとがき」三八二―四〇四頁）、この事件の主要な因果性をなしていたはずの三点を回顧するにとどめる。

ハイデガー問題を追いかけながら、デリダの心中を忖度せずにおれなかった。まさしく一斉射撃だったからである。やりきれない思いをじっとこらえていたデリダの姿が印象的だった。

私の見るところ、デリダがやりきれない思いを最も強くしたのは、事件の仕掛け人のクリシチャン・ジャンベや、それを巧みに利用したリュック・フェリー、アラン・ルノーの対デリダ戦略に対してではなく、ピエール・ブルデューのデリダ言及に対してであった。だが、切り返しの防衛に打って出た姿勢に驚いて素早く身をかわしたので論戦には発展しなかった。ところで、ハイデガー事件におけるデリダの容易ならざる立場を見抜いていた人物が、イタリア人やドイツ人以外にも一人いた。柄谷行人である。少し先で、デリダ自身の発言で確認できるように、「ド・マン問題」が同時期に炸裂したことにより、フランスのみならずアメリカでも守勢に立たされることを余儀なくされたデリダの苦境を柄谷は次のように表現した。「あっちでもこっちでも忙しいということで、(笑) 同情しているんですけどね」(「超越論的主体性―ド・マン、ハイデガー、西田」『現代思想』一九八八年三月号、八二頁)。

デリダの立場は、実際、相当にきついものであった。私の住むこのパリで突発した事件を私は、この事件において注目を集めることになったラクー=ラバルトの『政治という虚構』をたまたま翻訳中だったこともあり、できる限り追いかけることにした。その過程で強く感じたことが二つあった。一つは、ラクー=ラバルトの一連のハイデガーについての論考が存在していなかったとしたらデリダははるかにきつい状況に追い込まれていただろうということだった。もう一つは、リオタールが常々いっていたことがしみじみと実感されたことだった。しかも、この二

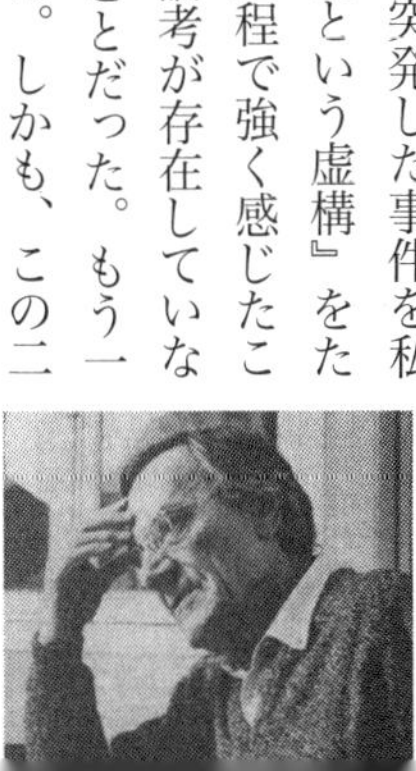

Jean-François Lyotard
(1924-1998)

Pierre Bourdieu
(1930-2002)

点が、実は、密接に結びついている事件であるということに思いいたった。

　第一の因果性は、リオタールの持論と結びつくものである。彼は、知的環境としてのドイツに対するフランスの特殊性を「エクリチュールの伝統」の強さ（『現代思想』一九八九年四月臨時増刊号、二一九頁）と関連づけている。つまり、ドイツに比べて、フランスでの形而上学（哲学）の根づきが弱かった原因の一つとして、フランスにおけるエクリチュール（文学）の伝統の根強さをあげている。極度に単純化した言い方になるが、デリダ、フーコー、ドゥルーズを代表とする（世界レベルで注目を集めた）フランスの哲学的言説のスタイルは、そのエクリチュールの伝統と切り離せないものであった。しかも、この三人は、ドイツ哲学（カント、ニーチェ、ハイデガーなど）のエキスパートでもある。さらに、ある意味ではデリダ以上にこの事件で注目を集めたラクー＝ラバルト自身、ドイツ学者と呼びうる人物である。それに加え、ハイデガー問題の起こる三〇年ほど前には、バタイユ、クロソフスキーからサルトルにいたるフランスの知識人にとって、ドイツ語は「思考の言語」とみなされていたのである。また、フランスにおける知の沸騰の時期である六〇年代には、フランスはドイツ以上にハイデガー哲学の根づいた国と目されてもいた。そのことに対する様々な反動が内外で持ち上がる素地は元々あったのであり、ハイデガー問題は、突如それを明るみに出すことになった事件であった。そもそも、ハイデガー問題を引き起こす「爆弾」の役割を果したヴィクトール・ファリアスの『ハイデガーとナチズム』の

Michel Foucault
(1926-1984)

Gilles Deleuze
(1925-1995)

ドイツ語版（オリジナル版）に（ハイデガー論としての価値を認めていなかったはずの）ハーバマスが長大な序文を寄せたのも、この反動の現れの一つであった。

第二の因果性として、フランスへのハイデガー哲学の根付きは、ドイツに比べて、ハイデガーのナチ加担とハイデガーの哲学（思考）との間の接合部に光を当てるという重要かつ困難な省察のための条件に（ドイツよりも遥かに）恵まれていたということがあったはずである。それを体現していた代表的人物がデリダとラクー＝ラバルトの二人だったといえる。端的にいえば、フランスにおけるハイデガー研究が世界レベルで注目を集めることになった一大要因は、この二人の国際的な評価であっただろうし、それだけにまた、それに対するさまざまな形の反動が育ちつつあっただろう。このような情勢の中で突発したのがハイデガー問題だったのである。その意味では、デリダが狙い撃ちにされることになったのはべつに意外な現象ではなかった。それを即座に見抜いた者が、フランスばかりでなく、ドイツ、イタリアにもいたのである。ただし、デリダが追い込まれた苦境はまた別問題である。繰り返しいうが、デリダにとっては、ラクー＝ラバルトの一連のハイデガー論考がすでに出そろっていたことが大いなる救いだったのであり、次のデリダの発言には率直な気持ちが込められていた。［ハイデガーのナチ加担を厳しく追及しつつ、なおかつハイデガーの思考とを繋ぐ通路を探る仕事として注目しているのは］「まず何よりも、ラクー＝ラバルトの仕事です」（『現代思想』同右、

Jean-Paul
Charies Aymard
Sartre
(1905-1980)

Jurgen Habermas
(1929-)

一〇九頁)。もしもラクー＝ラバルト、そして「レヴィナスやブランショやナンシーのいくつかのテクスト」によるハイデガー論考がフランスに存在していなかったのだとしたら、つまり、デリダ自身のハイデガー論考(『精神について』など)だけしか存在していなかったのだとしたら、攻撃をかわすのにもっとずっと苦戦することになっていただろう。

　第三の因果性は、柄谷行人が談話「超越論的主体性―ド・マン、ハイデガー、西田」の中でとりあげたものである。デリダの脱構築、フーコーの権力論を推し進めていくと、不可避的に一種の「決定不可能性」の問題へと人を向き合わせることになり、それへの反動として、事実レベルの明快な論理(ややこしいことをいっているデリダのような連中に対して明快な語り方で対立する論理)を掲げる「反動」が持ち上がる。そのコントラストを柄谷は、ハイデガー問題、ド・マン問題として開示された歴史的出来事としてとらえる視点を提示した。私が主に柄谷のこの「談話」をとりあげたのは、フランスの議論においてあからさまに語られることのない不可視の局面をズバリと語ってみせていたからである。デリダは、さきで見るように、この柄谷の見方に共感の思いを込めて反応している。

(二) たくらまれた事件

ブランショとレヴィナス

Maurice Blanchot
(1907-2003)

ドイツでは出版の可能性の低かったファリアスの本を、パリのヴェルディエ社から、自ら序文をつけて出すことにしたクリスチャン・ジャンベ（ヌーボー・フィロゾフの一人）は、ファリアスと空港のロビー（のトイレの中）で偶然に出会ったともらしている。ファリアスの『ハイデガーとナチズム』の出版によってデリダを頭領とするハイデガー主義者を窮地に追い込む戦略に出たわけである。このジャンベの仕掛けた「爆弾」の効果をすかさず利用したのが『六八年の思想』の共著者のリュック・フェリー、アラン・ルノーであった。彼らは、ベルナール＝アンリ・レヴィの監修する叢書から大急ぎで『ハイデガーと近代人』（八八年四月）を出すことでハイデガー問題に参入したのである。ここで読者に提供する情報として次のことをいっておきたい。ハイデガー事件の期間中、ベルナール＝アンリ・レヴィとアンドレ・グリュックスマンという、日本人にとっては「ヌーボー・フィロゾフ」の代名詞のような二人は、表立った動き方は見せなかった。仕掛け人は、ジャンベ、スカルペッタという二人のヌーボー・フィロゾフであった。これが第一点である。次に、目に見える対立（立ち位置の違い）は、デリダとヌーボー・フィロゾフの間というよりは、デリダに近い立場のラクー＝ラバルトとフェリー、ルノーとの間に見られたといってよいものであった。私の、デリダ・セミネールでの二回目の発表原稿は、柄谷とラクー＝ラバルトの発言を突き合わせる形で作成されたものだったが、柄谷の語り方は、いささか正確さに欠けるものであると受け止められた。内容的に、デリダが認めていたように、柄谷

Luc Ferry
(1951-)

Bernard-Henri Lévy
(1948-)

の見立ては核心を衝いたものであったのだが、その語り方に対してデリダは抵抗を示した。「フランスのユダヤ人は実際はヌーボー・フィロゾフ的保守派です」（『現代思想』前掲書、八一頁）という言い方に合致している人物は、「人権」「デモクラシー」「ヨーロッパ」という旗を掲げる（ユダヤ人ではない）フェリー、ルノーの方だったこともあったからだと思われる。フランス人向けに語った談話であったのなら、柄谷はもうすこし違ういい方をしただろうが、私が柄谷の発言をそのまま引用したせいで、いささか乱暴ないい方であると受け取られたのである。

ここで、重層決定のもう一つの面、ある意味では、もっとも根本的な因果性をなしているかもしれない一面に触れておきたい。ハイデガー問題を仕掛けたヌーボー・フィロゾフ、それと、標的にされたデリダ、彼らの間には、目立たないながら重要なもう一つの「関係」が背後にあった。この関係をもっともストレートに語ったのはラクー＝ラバルトであった。ただし、これは日本人である私に語られたという面もあった。というのは、フランスの（特にパリの）知の舞台（論壇）では、表立って語ることはしないという暗黙の相互了解のようなものがあるからである。双方が泥試合になるのを避けるという危うい均衡のようなものだと思えばいいだろう。そして、この均衡の破られた事件、それが「ハイデガー問題」（八七—八九年）だったのである。しかし、この危うい均衡は潜在的に持続していた（いる）のであり、デリダは『マルクスの亡霊たち』（九三年）をもって応答を試みている。デリダがこの本の中でマルクスを正面から扱わなかったのはそれなりの理由があったはずである（いつかこのことについて語る機会を持ちたいと願っている）。デリダがマルクスについて語ろうとした主な動機は、マルクス論としてというよりも、フランスの知の舞台からマルクス主義を引きずり下ろそうとする挙に出た、主としてヌーボー・フロゾフたちによる政治戦略に対する軽蔑の念からであった。デリダの狙いは、この戦略を一種の「症候」として提示することだったのである。デリダはそのことをあからさまに語ることはしなかった。その「症候」を語ることをためらわなかったのは、またしてもラクー＝ラバルトであった。デリダに並んで彼もまた標的にされたことにはそれなりの理由があったわけである。ラクー＝ラバルトは、かつての戦闘的な毛沢東主義者であったヌーボー・フィロゾフ（ジャンベ、スカルペッタだけではなく、グリュックスマン、レヴィも含まれる）が、かつての自らの政治的過失を消すための口実として、フランスの知の舞台からの「マルクス主義の放擲」という戦略に出たことを公然と批判していたのである（『政治という虚構』前掲書、四〇二頁参照）。

以上を前置きに、私の発表の際にデリダがくれたコメントの紹介に移る。この発表は、八四年（デリダが社会科学高等研究院に移籍した年）に始まったデリダ・セミネールの五年目の小セミネールにおける発表であった。この年度、デリダは、小セミネールで、年間を通じて「ハイデガー問題」をテーマにとり上げたのである。以下報告するのは、小セミネール（の四人目の）発表に対してなされたデリダのコメントであるが、デリダ発言の理解の助けになると思われる、発言のコンテクストの説明のために必要最小限の情報を［　　］内に示すことにする。

2　デリダのコメント

［発表に要したのはほぼ五〇分、討論の時間はほぼ三〇分であった。以下に再現するのは、討論の約二五分分に当たるものである］

（一）冒頭の発言

デリダ：どうもありがとう。とても内容豊かなおもしろい発表でした。多くのことに触れられましたが、議論に値するものです。あなたのいったことに［は問題がなかったですから、それに］ついてというより、あなたがとり上げた柄谷とラクー＝ラバルトについては、議論すべきものがあります。さて、あなたの発表には、立ち返りたい論点がたくさんありますけど、持ち時間を考えると、なにを優先させるべきでしょうね。

（二）「写真」について

デリダ：［私には驚きだった、沈んだといってよいような語り方で］私にとって奇妙な具合なのは、この場への柄谷の回帰です［デリダは、柄谷にこの場での講演を依頼したことがあったようである］。これは自伝的な逸話になりますけど、柄谷はよく知っている人です。ポール・ド・マンと私が一緒に写った唯一の写真、あっちこっちで、とくにアメリカで公表されているのですけど、その写真というのが、実はイェールで柄谷が［正確には、柄谷真佐子夫人が］撮った写真［デリダの書斎の机の後方の正面に死後も飾られていた（いる）、ド・マン、デリダ、柄谷の三人が並んで写っている写真（Benoit Peeters, *Derrida*, Flammarion, 2010, 四六四頁と四六五頁の間に収録されている写真の頁参照）］なのです。ある日、三人いっしょに食事をとったときに撮ったものです。もうずいぶん前のことです［七八年の秋だが、服装から推測して新学期の始まった九月だと思われる］。柄谷には日本で再会しました。ここパリでも数回会っています。

さて、正直にいうのですが、この事実はきちんと記憶に叩き込むことにします。イェールで柄谷がポール・ド・マンと何度か会った際に、――このことについてあなたは［声に出しては］いいませんでしたが、

ポール・ド・マンとデリダ（1970）
（出典：Benoit Peeters,*Derrida*, Flammarion, 2010. 部分。）［掲載された写真は2人のみ。見開きの書斎全体の写真の中央右に3人の写真が小さく見える。］

あなたの発表原稿には書いてましたから、それを読みましたけど、ポール・ド・マンは、戦争について、伯父［のアンリ・ド・マン］についてなど、柄谷と話していたとのことですね［デリダには、この一点がとても気にかかったものと思われる］。それで、柄谷は、ド・マンの過去が暴かれたことに対して、他の多くの人たちのようには、さほど驚かなかった、ということなのですよね。

（三）ユダヤ系の知識人の間の葛藤

デリダ：［しんみりとした口調の余韻を引きずったまま。おそらく、ド・マンの思い出のせいなのだろう］柄谷がしている解釈ですが、彼によれば、フランスの知識人の舞台というのは、ユダヤ系知識人の間で論戦が交わされている舞台ということですが、日本でこのような形でフランスの状況がとらえられているとは思っておりませんでした。

浅利：いや、フランスで実際にこうした議論があったと柄谷がいっているわけではないですよ。

デリダ：そう、実際の議論というのではありませんね。こういってよければ、もっと深いレベルのものですよね。つまり、ユダヤ系知識人たちの間にある、目には見えないにしても、なにか本質的な対立に貫かれた光景が語られているのですから。さっき思わず微笑んでしまうといったのは、柄谷の見立てはまちがっていると思うからです。でも、この問いは注意してみるに値しますね。私は、柄谷の考えそのもの、仮説そのものをたんに追い払おうとは思いません。ただ、事柄をもっと複雑なものとしてとらえないといけないでしょう。柄谷の仮説［ハイデガーは議論の口実に利用されているのであり、実際にはなにがいわれているのかを読むべきである。その意味では、ヌーボー・フィロゾフとデリダとの対照という枠組みの中でハイデガー問題を見るべきであるという観点］に対して、ラクー＝ラバルトが、「いや、そうはいえない。なぜなら、ユダヤ社会（ユダヤ共同体）としての均質性もユダヤ的知性としての均質性もまったくないと思いますから」として、こういっています。「違いはむしろ、彼らの間にある世代の違いから出ています」（『政治という虚構』前掲書、二九九―三〇三頁）。このラクー＝ラバルトの意見の方が私をより満足させるというわけではありません。そもそも［ラクー＝ラバルトのいっているような］均質性というものがないわけですから。まさに柄谷がいわんとしているのはそのことですよ。つまり、柄谷は、均質性がない、だからこそ緊張や葛藤がある、といっているのです。ヌーボー・フィロゾフと私のような人間の間の関係を語るのに、世代的対立というようなことで片づけてしまうのは、いかにも不十分に思えます。ま、以上は余談ですけどね。

（四）「デカルトそれはフランスである」

「グリュックスマンに関する議論にかなり時間が割かれたのにはそれなりの理由があった。その点に関して少し説明しておきたい。日本では、知名度からいって、ヌーボー・フィロゾフの代表者と見なされていたのは、ベルナール＝アンリ・レヴィとアンドレ・グリュックスマンの二人だが、ハイデガー問題においては、ほとんど表立った動きは見せなかった。ただ、個人的な理由から、私は、柄谷がグリュックスマンの『デカルトそれはフランスである』（八七年）を話題にしていることに強い関心を持った。柄谷行人を読むきっかけになったのが、実は柄谷のデカルト論（「精神の場所―デカルトと外部性」『ORGAN I』現代書館、八六年）だったからである。デカルトを通して西田幾多郎を語っていることに強く刺激された私は、グリュックスマンと柄谷による対照的なデカルトの位置づけ方について述べたのである。私は、明快に、図式的に論点を提示すべく、道徳／倫理、共同体／社会という二分法の図式で柄谷の談話全体が構成されていることを示した上で、デカルトの精神（外部性＝社会的＝砂漠的＝外共同体的）あり方との対照という視点から西田について柄谷が語っていることを示そうとした。しかし、デリダは西田について語ることは避け、柄谷の「デカルトそれはフランスの外である」という視点につい

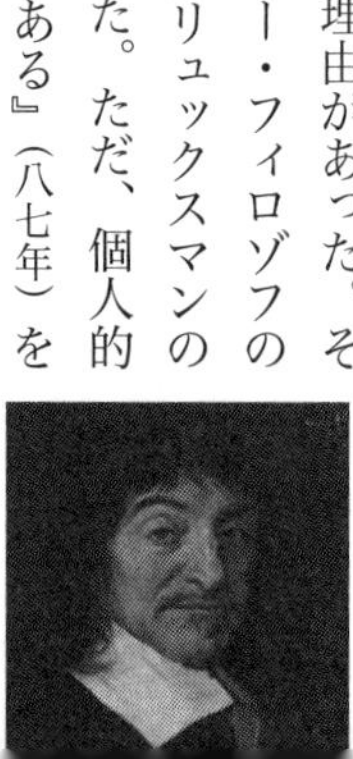

Runé Descartes
(1596-1650)

て私を問い詰めてきた」。

デリダ：［本題に戻るようにしてデリダは語り出した］。グリュックスマンについてですが、ユダヤ問題に関してであれ、その他の問題に関してであれ、グリュックスマンと私の間に問題が二極化されたことなどこれまでに——幸にして！——一度もなかったですよ。ただし、あなたがグリュックスマンについて、発表の最後のところでいっていることについてすこし立ち返ることにしますけど、グリュックスマンが「デカルト、それはフランスだ」といっているのに対し、柄谷が「デカルト、それはフランスの外だ」と、対立させる言い方をするわけですが、これは反論（対立）たりえないですね。だって、誰かが「それはフランスだ」というとき——あるいは、「それは日本だ」でもいいわけですけど——私たちがこの半世紀も前の時点から分析している様々なナショナリズムの論理にしたがえば［実は、セミネールのテーマとして、長年、ナショナリズムの論理を取り上げ、語り続けてきたこともあり、このような表現がなされたのである。ちなみに、一九八四—八五年に開始されたデリダのセミネールの最初の四年間の包括的なテーマは、『哲学の国民性（＝国籍）と国民主義（La nationalité et le nationalisme philosophiques）』であった］、「フランス、それはフランス以上のものである」、「わたしに興味のあるのは、フランスとしてのフランスではなく、模範としてのフランス、模範としてのデカルトというもので、フランス革

André Glucscmann
(1937-)

命といったものだ」、ということですよ。また、輸出されるもの、輸出されるべきもののことです。ですから、ここにじゃ内か外かという対立はありません。「デカルトそれはフランスである」は、「フランス、それはフランス以上のものである」という意味です。だからこそこうした意味を要求するわけです。なぜなら、よその人たちは、フランスを通して着想を得る（影響を受ける）という意味においてこそ、私たちのところ（フランス）にいる、ということなのですから。このように、ここには対立などあるとは思えませんけどね。

浅利：柄谷は、グリュックスマンの、歴史状況を勘案しての仕草の中に、何かうさん臭いものを感じたのだと思います。たとえば、日本のコンテクストでいえば、この時期の新京都学派の姿勢に似たものがあると考えたのだと思います。表向きはコスモポリタン的な国際派であると表明しておきながら、その実、日本――フランスであってもいいわけですが――という国のナショナリズムの強化を図る、いわば「柔らかいナショナリズム」の戦略に似たものがあると感じたからだと思うのです。コスモポリティズムの外見の下に、実際にはナショナリズムを強化させるというやり方にうさん臭いものを感じたということだと思います。

デリダ：［態度をすこし変えて］ええ。一つは、ヨーロッパの、あるいはヨーロッパ主義のテーマ体系［ヨーロッパ統合］、それと、もう一つ、東アジアの統一［大東亜共栄圏］とナチズム、この二つもまた、ある種のインターナショナリズム、ハイパーナショナリズムとしての一種のインターナショナリズムですね。ナチズムのテーマ体系は、一種のヨーロッパのテーマ体系でもありました。また、つねに潜在的なハイパーナショナリズムでもあるコスモポリティズムというものがたしかにありますね。

浅利：もう一つ補足させて下さい。柄谷は、グリュックスマンについて、また、ユダヤ系知識人について語りましたが、その際、日本の読者に向けてなされた発言であったということは考慮すべきだと思います。日本人がハイデガー問題を、日本の歴史の現状を通してとらえるための一助になるだろうという配慮があった発言だったと思うのです。

デリダ：それじゃ柄谷は、日本、日本人に向けて、何がいいたいのでしょうか。柄谷の発言には、日本向けに発せられた戦略があったということは分かりますよ。でも、その戦略とはどういうものだったのでしょう。

［議論がかみ合わず私は困惑した。西田が書いた（公表されることはなかった）「世界新秩序の原理」

の読解をしてみせた柄谷についてそれなりに説明したつもりだっただけに、デリダが何をいいたいのか、正直いって、理解できなかった。まったく要領を得ない返答をしていた私を見かねて、デリダは次の質問（デリダが知りたかったのはこちらだっただろう）、これまた私には返答の厄介な質問を浴びせてきた」。

デリダ：ポール・ド・マン問題とハイデガー問題との間に認められる関係についてあなたは話されましたが、この関係を明確にしていただけますか。

浅利：柄谷の提示した図式においては、一つの共通項があります。それを彼は「共同体の論理の強化」と呼んでいます。この強化は、内部と外部との分割に依拠する共同体の論理の強化としてあるものです。この論理の中では、「外部」として語られているものが、あいかわらず「内部」的なままです。なぜなら、そこでいわれている「外部」とは、内部にいる人間によって発明された「外部」でしかないからです。たしかに外部は外部として語られてはいるのですが、実際には、内部しかありません。なぜなら、共同体の論理の中で外部が語られているにすぎず、非対称の関係としての外部性が消されているからです。柄谷が危惧しているのは、共同体の論理のこうした内実です。

［私の言い方は明快さを欠いた非常に抽象的なものであった。私の狙いは以下のものであった。「道徳」を越えて「倫理」を問う試みに関して、(一)「聖なる名」が欠けていることが、今日、「倫理」の問いを立てることを困難にしている、というラクー＝ラバルトの観点、それと、(二)「強められた意識」(脱構築がいたりつかせる意識)が、私たちに直面を強いることになるところの「道徳を越えた倫理の次元」を柄谷が取り上げていること、この二つを突き合わせたらデリダがどのように反応するかを期待したのであったが］。

デリダ：いや、私の質問は、ハイデガー問題とポール・ド・マン問題、この二つの事件における、彼らに対する「反動」、その二つの反動の間にある類似性とはどういうものか、という質問です。［この質問は、私には意外なものであった。発表の中でかなり詳しく説明したはずだという気持ちがあったからだ。そのこともあって、どのように返答すべきか困った。要領をえない私の返答に業を煮やし、デリダは自分で続けた］。

もっときちんと語るべきですけど、手短に言います。ポール・ド・マン、彼は八三年に死にましたが、いわゆる文学理論の大批評家として有名だった人で、イェール大学で教えていました。二年ほど前、いや、もうすこし後でしたが、親ナチの新聞に協力していたことが発見されました。ごく手っ取り早く言いますと、占領者にいわれるままに、占領者に好意的な新聞への協力をしました。ほぼ二年間。これは知られていなかった事実なのですけど、柄谷は見抜いていたようですね。

浅利：見抜いていたということではないですけど。

デリダ：それで、アメリカで、ド・マン問題の突発があったわけです。それがアメリカを越えて、とくにドイツで、このテーマが取りざたされることになりました・・・・。

発言者Ａ：それは、戦後のことですか。

デリダ：今年ですよ！　いや、去年ですよ。

発言者Ａ：つまり、ハイデガー問題がド・マン問題に先行していたということですね。

デリダ：ここ（パリ）でのハイデガー問題の爆発と、六ヶ月後のアメリカでのポール・ド・マン問題との間には、私の目には、まさに衝撃的な同時性がありました。できるだけ思い切った要約をすると、こういうことだったのです。

デリダ：ところで、あなたが示唆したのは、こうでした。つまり、ハイデガーに対する、そしてド・マンに対する暴力的な「反動」には共通のものがあったということです。この二つの事件は、互いにかなり違った仕方で、人に不安を掻き立てました。［善と悪といった］対立図式的な安定性にゆさぶりをかけ、安全性を担保していたものを疑わせました。こうした脅迫を前にして、それに対する「反動」が持ち上がり、そそくさと事態にふたをかぶせ、「決定性」の可能性へと復帰させようとします。つまり、道徳と政治を、安心感を与えてくれる確実で単純明快な「対立」の地盤の上に置き直そうとします。というのは、道徳や政治が、まさにハイデガーとド・マンによって、それぞれ独自な仕方で、脅かされたからです。それで、この二人が各人各様「脱縫合」したものを、そそくさと「縫合」しようとしました。それがまさに、あなたが「象徴的殺人」と呼んだ「反動」でした。あなたの原稿から引用しますね。「非決定性の状況を前にして単純なものへと回帰させる反動」です。事はもう少し複雑だとは思いますけど、たしかにあなたのおっしゃるようなものがあります。息せき切って、文化の地平から、その文化の堅固な土台を再審にかける人間や言説を追放しようとする性急な願望といったものがあります。そう、たしかにあります。それに、とうぜんこの二つの反動には、どちらも多くの暴力、混乱、性急さ、脅迫が伴います。

デリダ：論点がこっちからあっちへとせわしく飛び移ってしまいましたけど、次の一節もありましたね。あなたはラクー＝ラバルトの発言を引用しておりましたけど、その中のいくつかは、国際哲学コレージュでの発言ですね。ところで、別の発言の方ですが、これらラクー＝ラバルトの発言は、出版されたものなのですか。彼が出版したものなのですか。

浅利：いいえ、私が出版したものです『『新評論』という月刊の商業パンフレットに掲載され、後に『政治という虚構』に収録された』。

デリダ：ああ、あなたが出版したものなのですか。彼の許可を得てですか。

浅利：もちろんです。

デリダ：あなたは発言をそのまま再現しているのだと思いますけど、ラクー＝ラバルトはこういってますね。「聖なる名への言及のない伝統は一つしかないが、それがユダヤあるいはヘブライの伝統である」、と。彼の発言は、もちろん、私にはちょっと驚きです。もうすこしきちんとした言い方にすべきです。まず、「聖なる名」というのが何を意味するのかをはっきりさせないといけません。また、ユダヤあるいはヘブライの伝統に「聖なる名」がないと彼はいいますけど、いくつかの用心を加えないかぎり、たとえば世俗の「聖なるもの（le sacré）」あるいはギリシャ・ローマの「聖なるもの」と「聖潔なるもの（le saint）」との間の区別を設けるといった用心を加えるのでないかぎり受け入れの難しいものですよ。たとえば、レヴィナスは「聖なるもの」が嫌いですが、だからといって、彼は「聖なるもの」ではない何ものかの名において「聖なるもの」が嫌いだ、といっているわけではありません。それにまた、そもそも、レヴィナスは、「聖潔なるもの」を「聖なるもの」に対立させているのでしょうか。ここには、言語における意味論の総体に関わる難問があります。それにまた、いずれにせよ、以下のようにいうことを困難ならしめるヘブライの伝統というものがあるわけですよ。つまり、口に出してはならない（imprononçable）とは言わないまでも、不可触（intouchable）であり、かつまた世俗化不可能なるもの、非俗的なるもの、そういうものとして崇めるべき名はない、とする（ラクー＝ラバルトのような）主張、そういう主張を困難ならしめる伝統というものがあります。その上、「ノスタルジー」に関しても、大いに言うべきことがあります。かりに、あなたがですね、［ラクー＝ラバルトのように］「ヘブライの伝統にはノスタルジーがない」と言いたいのであるとしたら、

Emmanuel Lévinas
(1906-1995)

これまた、大いに議論しないわけにいかない命題だ、というべきです。

発言者B：似たようなことを［ラクー＝ラバルトは］どっかで言ってましたね。ユダヤ人における神話の不在について。

浅利：ええ、ラクー＝ラバルトは、『Le Débat』（八四年三月、第二九号）に掲載されたブランショの「問題の知識人」（『ユリイカ』八五年、一一三頁参照）の一節のことを念頭においていっているのでしょう。「ナチズムはもう一つの別の神［非ヨーロッパ的神であるユダヤ教の神］を殺そうとしたのだ・・・・・」といっている一節のことを。

デリダ：そこには、そのことが、まさにShoah（殲滅）を説明可能なものにさせたのだ、という巨大な論理があります。つまり、ユダヤ教というものが、絶対的に異質なものであって、ヨーロッパ的、ギリシャ・ローマ的、ドイツ的、といった特性には絶対に還元不可能なものだという説明を与えたいという論理がね。つまり、この罪（殲滅）、この集団的殺人によって罰せられるのは、ユダヤ的なるもの、あるいは、ユダヤ教的なるもの、要するに非ヨーロッパ的なる、同化不可能なる特性である、という論理が。もちろんこの論理をさっと脇にのけてしまえ、とはいいませんけど、でも、この論理は、どうも私を不安にさせますし、安心させてくれないものです。というのは、そもそも、ヨーロッパに対するユダヤ教の異質性を問題にする場合に、事実において、歴史において、文化の意味論において、その他において、「ラクー＝ラバルトが思っているような」そんな単純なものじゃないとする無数の仕方というものがありますからね。もう一つ、おそらくもっとも重大な一点ですけど、この彼の論理だと、ユダヤ教というものが、本来的に「同化不可能なもの」なのだ、ということを確認（首肯）することになってしまいますからね。だから、こうした「ラクー＝ラバルトのような」言い方による提案は、私だったら、最大限の慎重さを持ってでないかぎり、ぜったいにしません。この教室でのセミネールで、とくに去年「「カント、ユダヤ人、ドイツ人」をテーマにしたセミネールで」、ユダヤ・ドイツ関係ばかりではなく、もっと深く、ユダヤ・ヨーロッパ関係をテーマにしましたけど、そこにある構造は、「同一的なるもの」と「他的なるもの、絶対的に他的なるもの」との間の構造よりも、はるかに狡猾で、はるかに錯雑な構造であるように思えるのです。いずれにせよ、絶対的他者性に対する関係とは、けっして絶対的他者性に対する関係というものではないのです。つまり、絶対的他者性に対する関係は、まさに、こうしたやり方「単純な同一律的命題を以ってするようなやり方」で規定できるようなものではけっしてないということです。それにまた、絶対的他者の形象を規定すること自体、すでに他者性を何ものかに還元していることになるのです。

かりに絶対的他者性というものがあるとしたら、それはたんにユダヤ教の絶対的他者性であってはならないわけですよ。だから、次のようにいわなければならないでしょう。これはいくぶんリオタールの挙措――もう一つ別の問題を提起する挙措――であるわけですが、ユダヤ人は、絶対的他者性を、そして、それ自体耐え難きもの、それを表象しにやってくる、といわねばならないでしょう。でも、ここで私はこう言いたくなるのですが、その際に、なぜユダヤ人が、特権化されて、こうした絶対的他者性というものの換喩［部分でしかないものをトータルに全体をカバーしているものとして事象をとらえる文彩］ということになるのでしょうか。

発言者B：あなたの発表を聞いて、実は、まったくというか、ほとんど違和感を覚えませんでした。

デリダ：一つの余談［的注釈］をはさみますけど、私の物差しで測ってのことですけど、柄谷は、日本人の中でも、とくに違和感を感じさせない人なんです。

【後記】討論はさらに数分間続いたのだが、ここで報告を終える。デリダにとっては、ハイデガー問題よりも、ポール・ド・マン問題の方がいっそうやりきれないものであったという印象を私は受けた。ほぼ三十年ぶりにこのデリダ発言を回顧したのだが（二〇一七年の回顧）、意外にも、その生々しさがいささかも弱まっていないのに驚く。デリダの声の抑揚と表情が今でも鮮明に焼き付いている。実は、後にも先にも、この時ほど沈んだ様子のデリダを見たことがなかった。理由は分からなかった。そのこともあって、この討論を公表する気になれなかったのだが、こうして書き終えてみて、いくつか気づいたことがある。まず、デリダの八八―八九年度のセミネールの冒頭の発言を、昨日のことのように思い出す。デリダは、まったく異例なことに、早々と翌年のセミネールの予告をしていたのだったが、年度始めのセミネール（八八年一一月九日）でそれを撤回して、以下のように言った。《セミネールのテーマ、使用テクストは、例年、夏の間に決めていますが、はじめてそうしませんでした。八七―八八年度に、「ハイデガー問題」と呼ばれるようになったものがフランスにおいてばかりでなく、ドイツにおいて、したがって、より広くヨーロッパにおいて起きたわけですが、きっと次はアメリカで起きます。去年はたしかにこの事件を熱いうちに分析するというつもりであったのですが、どうしてもこの事件をセミネールでとり上げる気になれなくなりました。それは、「倦怠」のせいです。この倦怠と辛い思いで闘わねばなりませんでした》（『政治という虚構』前掲書、三九二頁参照）。デリダの中でこのような異変が起きたのは、おそらく、ポール・ド・マン問題のせいだっただろう。デリダの「戦争」には、状況の違いを越えて、「ポール・ド・マンの戦争」（『現代思想』臨時増刊号、前掲書、一六三頁、「貝殻の奥に潜む潮騒のように」の副題）と強く共振するものがあったのだろう。私の見るところ、デリダのセミネールの流れそのものが、「ハイデガー、八七―八八年」から「友愛のポリティックス」（八八―八九年度から三年間続いたテーマ）に変更されたのを機に、その後大きく変わっていくことになったのである（一九八六年から二〇〇三年までのデリダのセミネールについての報告は、「デリダのセミネール　１９８４-２００３」『ジャック・デリダ　１９３０-２００４』藤原書店、別冊『環』第一三号、二〇〇七年、二七九―二九一頁、本書一六二―一八五頁を参照していただけるとうれしい）。デリダにとってそれだけ重大な事件だったということを物語るものであろう。

Philippe Lacoue-Labarthe
(1940-2007)

Martin Heidegger
(1889-1976)

第3章　動じないこと機械のごときデリダが揺れるとき

ときおりデリダは、間違えない機械のような存在に思えた。間違いを犯さない人間などいるわけがない。にもかかわらず、かりにそういう人間がいたとしたら、と想像してみると、真っ先にデリダが思い浮かぶ。デリダは、「人間」が間違えるのはなぜか、「動物」が間違えないのはなぜかを、ハイデガーを追うようにして問い続けた。ところで、そのデリダが、コプラ（繋辞）をもたない言語（日本語）でハイデガーの「存在論的差異」の問いそのものの起源にある一種のローカル性を指摘した日本人のテクストに出会って、おそらく、激しく揺さぶられたことがあった。スリジィ・ラ・サルにおけるデリダの四回目の研究集会（一九九七年七月一一―二〇日）『自伝的動物』の第四講義（『動物を追う、ゆえに私は（動物で）ある』第Ⅳ章、筑摩書房、二〇一四年）の読解を通してそのことを確認することを最終目標に定めて、「動物を追う」デリダを追ってみることにする。

1 「間違えること」についての問い

ある日のこと、デリダが、セミネールの会場で、自分の発言ミスを冗談めかして否認したことがあった。デリダは、笑いながら、「これ［このミス］は、機械［のせい］です」と言った。面白い言い方だと思った。「間違えたのは私じゃないのですよ。だって、こうして現に間違いを訂正しているのですからね。間違えたのは、私のパソコンです」という言い方であった。私はとっさに次のように言っているデリダを想像した。間違いは犯さないけれど自己訂正の能力を欠いている機械、それを私は自分の中に飼っている、と言っているデリダを。

デリダは、原稿を教場で読み上げるスタイルでセミネールを続けた人である。私が出席し始めた一九八六年にはすでにこのスタイルが定着していた。ここで、デリダとはどういう人物か？という問いを発してみる。即座にやってくる答えは、「まるで一人の人間の中に二人の人間が同居しているような人物である」、である。まず、原稿をタイプした「自分」を読み上げるデリダがいる。そして、原稿なしで、即興で話すデリダがいる。質疑応答の時のデリダ、タイプ原稿を準備しないで話す時のデリダなどは、後者である。そればかりか、古典的と思えるほど端正で厳密な哲学的エクリチュールの人デリダ、それと、自分のことを多弁に語ってはばからない「私小説作家デリダ」、この二人のデリダもいる。

一九八〇年代末にデリダの取り巻きの一人だった友人が、「デリダはどうも冗談まで原稿に書き込んでいるらしいよ」、と言ったことがあった。かぶりつきの最前列でデリダを録音していた時期に、デリダの読み上げる原稿に目をやる機会は何度もあったが、余白に手書きの書き込みがあったことは何度か確認したことがある。原稿を読み上げながら、パイロットの黄緑色のボールペン（青インク）で、話し終えた段落に印をつけ、タイプ原稿をチェックする仕草は恒例のものであった。

国際哲学コレージュでの講演（一九八七年三月十四日）を終えた数日後のセミネールの冒頭で、まさに「書くように話す人」デリダの文体で、こう嘆願アピールをしたことがあった［《 》内は発言通りの忠実な再現である］。「《講演の最後に、だれかが、私の講演原稿を、私の知らないうちに、いわば「拝借する」という光栄なことをしてくれたようで、原稿がなくなっていました》。たぶんこの人物だろうという心当たりのある人がいたら、ぜひ次のメッセージをその人に伝えて欲しい。原稿を返してもらえた場合には、その人が要求するだろう形で、《私の方で、自分用に、コピーをとった上で》、オリジナルの方を必ず届けることを約束する、ということをその人に伝えて欲しい」。

このデリダの発言から、二つのことが明らかになる。まず、原稿への手書きの書き込みがデリダにはとても貴重なものだったこと。次に、その書き込みを忠実に再現させることはほぼ不可能だったこと。実は、この原稿はコローク会場で見つかったのだが、出版された本『精神について』は、書き込みを参照した上で作成されたものであろう。

二〇〇二年八月、フィリップ・ラクー＝ラバルトの別荘で、デリダのエクリチュールの話をしたことがある。「デリダは、話すように書く、書くように話す、という二つの作業の間の距離をなくしてしまう訓練を重ねたのだと思う。彼の文体は、一種の自動記述の域に達したものだと思う」という風に私は言った。だまって聞き入っていたラクー＝ラバルトが、しばらくして、「君の言う通り、あれは自動書記だね」とぶっきらぼうに言い放った。デリダのエクリチュールに通暁していた氏が私の意見に賛同してくれたのは嬉しかった。ともあれ、ある時期から、「自動記述」について、私はブルトンとデリダを並べて考えるようになっていたのである。

2 ブルトンとデリダ

私の知る限り、ブルトンがハイデガーに言及したのは、『哲学とは何か』（一九五七年）についての寸評をおいて他にない。それにまた、デリダがブルトンに言及したのも、たった一回しかない。したがって、ブルトンとデリダを突き合わせるのは容易ではない。ただし、たった一回の言及が、「文［文字］の動物性」（『エクリチュールと差異（上）』法政大学出版局、一九七七年、一三八頁）についてだったことは意味深長である。ブルトンは「音声カバラ」など、ユダヤ思想の伝統に強い関心を寄せ続けた人物だったが、デリダはこういう作家としてのブルトンに注意を向けたことが、少なくとも一度は、あったわけである。それればかりか、この二人の間には、フロイト（とラカン）を大きな準拠にしたという類似性がある。フロイトは、「神人同形論批判（擬人論批判）」の理論的根拠を提示した主要人物とみなされているが、この二人は、フロイト理論の延長線上で、各自各様、神人同形論批判を考えたのである。

デリダについては、以下のことを言っておくだけで、とりあえず、十分だろう。デリダは、第四講演において、「間違えること」と「動物」との関係、あるいは「人間」との関係を、「言語」の問題として考察している。このハイデガー論の中でデリダは、「動物」「人間」「神」の間の境界画定の試みにおいて、ハイデガーの省察の核心部をなすのが「言語」をめぐるものであったということに着目している。デリダによれば、ハイデガーの観点、それは、「動物」と「神」に対しての「人間」の特異性なるものは、人間が「言語」ととり結ぶ特異な関係に存するのであり、その関係が前二者には欠けている、とするものである。「人間」に比べて、「動物」が、「神」同様に、「間違えない」のは、そのことによるというハイデガーの観点をふまえてデリダは第四講義を行ったはずである。

ブルトンについては、すこし長くなることをお断りしておく。ブルトンは、『シュルレアリスム宣言』（一九二四年）［以下、「第一宣言」と表記する］から一九四二年の「シュルレアリスム第三宣言発表か否かのための序論」［以下、「第三宣言」と表記する］にいたるまで、一貫してフロイトとノヴァーリスの二人に大きな重要性を与える構えをとり続けた。フロイトに関していえば、ブルトンは、『夢判断』への（「夢のレシ（物語）」の実践を通しての）依拠を皮切りに、自動記述における「自動性」と「エス」との関係を問い続けた。「第三宣言」においては、フロイトの「エス」（ブルトンは「タナトス」概念に注目したおそらく最初のフランス人である）の概念に依拠して、シュルレアリスムの方向性を「新しい神話」という包括的テーマの下に打ち出している。しかし、ハイデガーが『形而上学の根本諸概念』の冒頭で取り上げている、ノヴァーリスへの言及の重要性も忘れられてはならない。「第三宣言」は、一九四二年にニューヨークでブルトン（たち）が刊行したVVV［三つのV（三つの勝利）］という雑誌の創刊号に発表されたのだが、この創刊号の巻頭に掲載された「VVV宣言」の中で、ノヴァーリスに対し、大きな重要性が与えられているのである［『アンドレ・ブルトン集成7』（人文書院、一九七一年）、一一四頁の《出来事のヴェールのかげで形成されつつある神話》という表現は、「第一宣言」の中で引用されているノヴァーリスの表現をふまえたものである］。このことに気づいているブルトン

Novalis
(1772-1801)

研究者はあまりいないが、フロイトとノヴァーリスを通して立てられていた問題系は、シュルレアリスムの出発点に位置づけられた「自動記述（écriture automatique）」の問題系と重ねられていたのである。それにまた、デリダとの対照においてここで持ち上がるテーマがまさに「自動記述」と「誤謬」との関係についての問いなのである。「第一宣言」の一節をここで引用しておこう。《自分自身についてわたしの思考が誤りを犯さないことをわたしはますます強く信じるものであり、それは正しすぎるほどである。にもかかわらず、とかく外部に気をうばわれやすい、この思考の口述筆記においては、「気泡」が生ずることも考えられる。それをかくそうとしても無理であろう。原則として、思考は強力なものであって、過ちを犯すことはありえない。それらの明らかな欠陥は外部からくる暗示のせいにしなければならない。》（『アンドレ・ブルトン集成５』人文書院、一九七〇年、二九頁）。ここにはブルトンが「自動記述」の経験から引き出したいわば帰納的な個人的確信が述べられている。とりあえずいえることは、ハイデガーとの関係でいえば、「動物」の無謬性というよりも、自動記述（一種の言語の誕生）における「（自動性に身を委ねた）人間」の無謬性がテーマ化されていたのである。

さて、ここで、デリダとブルトンが交差する地点を、もうすこし具体的な枠の中に位置づけてみよう。「人間中心主義」と「神人同形論（＝擬人化）」との間の関係を問う二人という点で確実に交差しているということを確認しておきたい。そのことを、ブルトンのみを通すことによって行うということをお断りしておく。

（二）「第三宣言」における神人同形論批判

この「第三宣言」がきちんと読まれたことがあったという印象を私は受けたことがない。その理由は、この宣言の中に見られる神人同形論に対する批判の視点と人間中心主義に対する批判の視点、これら二つの視点の区別がきちんとなされたことがなかったせいだと思われる。「第三宣言」の最後で語られている、「新しい神話」のモデルとしてブルトンが提示した「透明な巨大生物たち（LES GRANDS TRANSPARENTS）」の「神話」についての従来の読み取り方は非常に怪しげなものである。ブルトンがこの神話に込めた神人同形論批判の立ち位置は、私の知る限り、まっとうに語られたことがなかった。ブルトンの「第三宣言」は、ほぼ例外なく、ブルトンによる「人間中心主義」批判として読まれてきたのである。私にいわせれば、これほど大きな誤読もない。なぜなら、ここにあるのは、神人同形論的見方に対する徹底的な批判の表明だからだ。そもそも、ブルトンには、純粋に人間中心主義批判と呼べるものはない。そのように見えるものがあったとしても、それは神人同形論批判と不可分に連繋された限りでの人間中心主義批判であるにすぎない。むしろブルトンは、人間中心主義の立場を、ある意味で、徹底化させるという志向さえ持っていたはずなのである。それに反し、彼の神人同形論批判は容赦のない徹底したものであった。どこまで徹底していたかは、彼が、熱烈に敬愛していたトロツキーを、あえて批判の俎上に上げたことが如実に物語っている。ブルトンがあからさまに人間中心主義を批判しているように見える有名な一文「人間にたいして彼［人間］は、かならずしも、自ら誇るほど、万物の王ではないことを納得させるのも、わるくはないように思われる」（「第三宣言」前掲書、一三六頁）においても、ブルトンが唾棄しているのは、実は、神人同形論なのであり、人間中心主義の源泉の一つである神学的伝統を唾棄しているのである。人間を、神の創造物の位階の頂点に位置づけ、被創物の中で神に最も近い存在とみなすよう方向づけた神学の伝統を激しく唾棄しているのである。この点でのブルトンは徹底しており、わざわざ、次のように、トロツキーに言及しながら自分の立ち位置を明示しようとしているほどなのである。《現代のもっとも偉大な出来事の幾つかを指揮した神経質で繊細な手［トロツキー］は、わたしたちのまわりをうろつく一匹の犬を撫でて、くつろぐのだった。彼は犬について語った、するとわたしは彼の言葉が明確ではなくなり、彼の思考が普段ほど厳格でなくなるのに気がついた。彼は気持ちの赴くままに愛し、一匹の動物に自然な好意を注いでおり、世間一般の人間とおなじように献身という言葉すら口にするのだった。［中略］すなわち犬は彼にたいして、言葉のすべての意味において、友情を感じるというのである》。続けてブルトンはいう。《しかしながらわたしはこのように動物の世界を人間に似せて眺めるやり方は考え方の面で遺憾な安易さを暴露しているという意見を引っ込めるわけにはいかない》(同上、一三六—七頁)。

ブルトンは、このように神人同形論批判の視点を鮮明に打ち出したすぐ後に、「透明な巨大生物たち」の神話へと読者を導くべく、こう続ける。《そのことを把握させるためには、いかほど大掛かりなユートピア的風景に窓を開こうともなんらさしつかえないだろう》、と。「透明な巨人」という邦訳で知られている一節に見られるブルトンの立ち位置は、次の引用に見られる通りである。《動物の等級のなかで、人間よりも上位に、ちょうど人間の行動がかげろうや鯨にとって無縁であるように思えるのと同様に、その行動が人間にとって無縁な生き物が存在するということは、考えられないことではない》(同上、一三七—八頁)。しかし、ここにも、実は、人間中心主義批判は見られない。人間の規定を、常識的なものの中に押し込めて安心してしまう性向に警告を発するという形で、この文に続けて、わざわざノヴァーリスを引き合いに出しているのは、あくまでも、神人同形論の方へと誘い込む形の人間中心主義的傾向に対する抵抗の表明としてなのである。トロツキーへの留保の表明と次のノヴァーリスの引用とは、ブルトンにおいては、セットになっているのである。《この点でわたしはノヴァーリスの次のごとき証言とどれほどもかけはなれていないことを注意しておかねばならない。「われわれは実際には自分たちがその寄生動物であるなにかの動物の内部で暮らしているのである。その動物の体質がわれわれの体質を規定し、そしてその逆も成り立っているのだ」》（同右、一三八頁）。

（二）デリダの返答

実を言うと、私は、久しい以前から、デリダに、「第三宣言」のブルトンの立場をどう思うか、尋ねてみたいと思っていた。スリジィ・ラ・サルでの研究集会の最終日に、その絶好の機会が到来したと私は直感した。私の勘は当たっていた。デリダは私の期待にズバリと返答を返してくれたのである［私の質問とデリダの返答は、なるべく忠実に再現することにするが、「第四講義」に続く総括討論の席での質問だったことから、だらだらした質問では皆さんの時間を奪うことになると考え、短いストレートな質問を投げつけることにした。意味が通じないとまずいので、［　］内に言外の含みを補わせていただく］。

浅利：ハイデガー、禅宗の僧侶の道元、デリダ、これら三者にとって重要な問い、それがまさに《として》の問いです。三者がこの問いにこだわるのは、人間中心主義、あるいは神人同形論へとはまり込むことを避けたいがゆえのこだわりだと思います。そこで質問なのですが、これまでデリダさんのお話を伺って、人間中心主義と神人同形論という二語、実詞と形容詞の形をひっくるめてですけど、この二語が明瞭に区別されないまま使われていたような印象を受けました。たとえば［ハイデガーが『形而上学の根本諸概念』の冒頭で言及している］ノヴァーリスの宇宙論的表現は、人間中心主義あるいは神人同形論に陥るのを極力避けようという志向をかかえたものだったと思います。ところで、この二語［二概念］ですが、やはり二つの異なったものだと思います。［日本人である私など］とくに、日本語を通して考えますと、人間中心主義の方は、フランス語同様、字義通りの意味にとっていいわけですが、「神人同形論」の方は、日本語を文字通りに仏訳しますと、「神と人間が同形である論」という表現です。このように、この二概念は、かなりかけ離れたものだと思うのですが、この両者の違いについてデリダさんはどのようにお考えですか。

デリダ：人間中心主義と神人同形論の間に、ご指摘のように、まぎらわしい点はあります。でも、ある意味では、同じものです。もちろん両者は、同じではないですが、同じロジックで振る舞います［ですから、その限りでは同じものです］。人間中心主義は、人間の観点からすべてを組織することにありますが、神人同形論は、人間の形態を動物に投射することにあります。［このように、人間の観点からの所作であるという点では］この二つは同じものなのですが、場合によっては、この二つは互いに対立し合います。［どういうことかというと］人間中心主義的の所作が、神人同形論にならないばかりではなく、神人同形論と相容れないということもありえるということです。それは、まさに私［人間］が人間［私］について語るからです。そして、その時の私の言説は、神人同形論的であるということだけは絶対にありえません。［ただし］人間中心主義ではありえます。［なぜなら］そのとき私は人間の観点から話しているわけですから。また、そのとき、私は［ハイデガーの言う］「移し置き（transposition）」を行っています。ただし、この「移し置き」ですが、とりわけ、動物に対して、人間の形態、人間の資格(droits)を与えるということがあってはなりません。人間中心主義的立場、これはロゴス中心主義的立場でもあるのですが、この立場から出発することによって、ドグマ的であり、性急な断言であるところのあらゆる神人同形論を避けることになります。ところが、それとは逆に、人間中心主義なき神人同形論というものもありえます。つまり、人間に似せた形態をすべての動物に付与する場合がそれです。とてもナイーヴなやり方ですけど、可能ではあるのです。［こちらの場合は］どれもこれも、神人同形論（擬人論）的なわけです。つまり、動物が問題であれ、人間が問題であれ、だいいち、神が問題であるときでさえ、いつも同じように、［人間に］似せられた形態を相手に押しつけるという点では共通です。このように、場合によりけりで、それぞれの位相の違いによって、ちょうど、コンテクストが異なる場合にそうするように、一方を他方と一緒にしたり、それとは逆に、両者を分離させたりするわけです。

こういうときのデリダの返答は、驚異的にストレートで明快である。まるで難解なエクリチュールの人が別人に豹変したという印象さえ与える。このときもまた、デリダは、明快この上ない仕方で、期待した以上のものを与えてくれた。とくに有難いと思ったのは次の一点であった。デリダが、人間中心主義と神人同形論（擬人化）を厳格に（格式張って）区別する必要はないといいたげな返答をくれたことである。前者の、「人間の観点からすべてを組織する」、後者の、「人間の形態を動物に投射する」、この二つのスタイルにおいて、二つながら人間の側から働きかけるスタイルであるという点では同じであると言える、というのがデリダの基本的な見解である。ところで、デリダの見方で決定的に重要なのは、人間中心主義の立場、あるいはロゴス中心主義の立場から出発することによって、「ドグマ的であり、性急な断言であるところの神人同形論をすべて回避できる」という理解に立っている点である。私は、ハイデガー、デリダ、ブルトンの三者に共通する一点がそれであるという確信を深めた。

3 「存在論的差異」とデリダ

（一） 第四講義（ハイデガー論）の末部におけるデリダ発言

「第四講義」の最後の方で、デリダが、普段のデリダとは違うと思わせる仕方で、性急な断言をしている。しかし、打ち明けて言えば、これは、今こうして、この第四講義と私への返答を突き合わせてみて浮かび上がってくる奇妙な印象なのである。ハイデガーの動物論をハイデガーのテクストにぴったりと寄り添うようにして読み解いていたデリダが、ここにいたって、実にキッパリとした口調でハイデガーへの距離化の意思表明をしている、と感じられるのである。しかも、ここであからさまにデカルトとニーチェの名を挙げてハイデガーに対する距離化（留保）を表明していることに私は意外な思いがした。わざわざデカルトとニーチェの名を挙げて、ハイデガーの「存在論的差異」に対する一種の違和感を表明しているのはなぜなのか。その真意はどこにあるのか。そのように私は自問せざるをえなかった。とりあえず、ニーチェについての謎めいたデリダの発言を引用しておく。

「それとして」の存在者――すなわち「存在論的差異」ということですが――への、存在者の存在への把握の関係を、人間は持っているのでしょうか、存在者の存在を、人間が、それがそれであるがままに、どんな種類の意図、生きた意図も不在であるときに、そうであるがままにあるにまかせるような、そのような把握の関係を？　明白なことは、ニーチェとハイデガーの相違は、ニーチェであればここで否と言うだろうということです。すべては遠近法のうちにある、存在者への関係も、もっとも「真なる」、もっとも「客観的な」関係でさえも、あるがままにあるところのものの本質をこのうえなく尊重するような関係でさえも、生けるものと、生と、ここで呼ばれるであろうものの運動に捕われている。そしてこの観点からは、動物たちの間にどんな差異があろうと、それはあくまでも「動物的な」関係なのです。ですから、問題となる戦略は、「それとして」の決定的性格を低減していくことになるでしょう。そして単に動物に言葉を返したり、あるいは動物に、いわば人間がそれから剥奪するところのものを与えたりする代りに、そうしたものは人間にも、ある仕方で、「欠落」しているということを際立たせることでしょう。それは欠落ならざる欠落であり、ということはつまり、純然たる「それとして」なるものはないということなのです。以上です！

（『動物を追う、ゆえに私は（動物で）ある』前掲書、二九九頁）

デリダが何を言わんとしているのかを正確に読み取るだけの自信はない。ただ、デリダがハイデガーに対して根本的な疑義を表明しているということは明瞭だろう。この即興でなされた第四講義（ハイデガーの動物論）の結びの文にはなにかのっぴきならない決意が表明されているように私には思える。上の引用に続いて、この講義の末尾はこう結ばれている。《ここで賭けられている論点が、もちろん、きわめて根底的だということを私は隠そうとは思いません。「存在論的差異」が、「存在の問い」が、ハイデガーの言説の骨組み全体が問題になるほど根底的だということを》（同右、二九九―三〇〇頁）。

実は、ここから私の謎解きのような推測が始まった。まず私は、ここで提起された企図にデリダは正面から向き合うことはないだろうと思った。また、この表明は、半ば遺言的メッセージとしてデリダが敢えて遺すことにしたものであると受け止めた。いったい、デリダは、なぜこのようなメッセージを遺したのか。何がそうさせたのか。実は、この疑問は、私にとり憑いた強迫観念のようなものになっている。最後にこの疑問への返答を試みることにしたい。

上で紹介した私にくれた返答の中で、デリダは、神人同形論を避けるために、人間中心主義の所作が要求されることがあるのだという言い方をしている。そして、ハイデガーにはそういう所作が認められるという言い方をしている。ところで、私の注意を引かずにおかないのは、《これはロゴス中心主義でもあるのですが》というデリダの発言である。デリダは、神人同形論的所作に陥ることを避けるために、「ロゴス中心主義」の立場をとることが正当な所作であるということがありうる、と言っているのだと読めるからである。さて、ここで次の疑問が持ち上がる。デリダは、なぜ、ハイデガーの「存在論的差異」、「存在の問い」を審議にかけるということを未決のテーマとして先送りにしてきたのだろうか。また、それを、デリダの本領ともいうべき「ロゴス中心主義批判」の枠の中で、なぜもっと前に審議にかけるということをしなかったのか。この第四講義の末尾においてまでも、ハイデガーにおける「ロゴス中心主義」について、両義的な態度をとり続けているように思える。批判の対象にされるべき面とそうでない逆の面の二面を抱えているという見方をしているように思える。そこまではいいとしても、それではなぜデリダは、この第四講義の末尾で、キッパリとした言い方で、ハイデガーとニーチェの対照を口にしたのか。その点について以下私の推理を述べることにするが、あらかじめ結論を言っておけば、私の推測では、柄谷行人によるハイデガー批判の重要性を正面から受け止めたからである。

(二)「非デカルト的コギト」を読んだデリダ

デリダの揺れの直接の因果性は、柄谷行人の「非デカルト的コギト」を読んだ衝撃に由来するのではないのか。これが私の推測である。まず、第四講義の最後の部分と「非デカルト的コギト」における柄谷のハイデガー「批判」(読解)とは驚くべき符合を見せている。実は、私が柄谷のこのテクストから衝撃を受けたのは、発表された一九九二年からだいぶ経った二〇〇七年のことであった。爾来、私は柄谷に随伴するようにして「コプラ(繋辞)」について考えてきた[拙著『日本思想と日本語』(藤原書店、二〇〇八年)、第8章「繋辞をめぐって」は、「非デカルト的コギト」から受けた衝撃の産物である]。そして、今、突如、あることを確認してみようと思い立った。そそくさと確認をしてみた。結論を言う前に、そこにいたる経過をすこし語っておきたい。

偶然がいくつか重なっている。私が、デリダ資料館のあるカルフォルニア大学アーヴァイン校に(デリダの依頼を受けて)デリダ・セミネールの録音カセット(一九八六年~九五年)を寄贈することを決めたのは、デリダ、トマ・デュトア(アーヴァイン校のデリダの教え子であった人物)と三人で一緒に会ったリヨン駅のそばのカフェにおいてであった。一九九五年八月七日[デリダがくれたプレゼントに付されたデリダの謝辞を見て確認した]のことである。ところで、同大学での三日間のワークショップの時に、柄谷の提出した二論文、「エクリチュールとナショナリズム」と「非デカルト的コギト」についてデリダが発表(コメント)したのが、同年の四月のことであった。デリダの第四講演が行われたのは、一九九七年七月二十日だったから、柄谷の「非デカルト的コギト」はよく知っていたテクストだったのである。私は迂闊なことに、柄谷が提出した論文が「エクリチュールとナショナリズム」だけだったとばかり思い込んでいたのである。そのように柄谷本人が、デリダ追悼鼎談の掲載された『新潮』(二〇〇五年二月号、一五六頁)の中で、カルフォルニア大学アーヴァイン校で行われた国際会議に提出したもの、《それは

「エクリチュールとナショナリズム」という論文で、時枝とソシュールについて論じたもの》だった、と言っているのである。ところが、数日前、ひょっとしたらデリダは「非デカルト的コギト」を読んだことがあるのではないかという思いがよぎった。さっそく確認してみた。そしたら、なんと、こうあるではないか！「ジャック・デリダが、柄谷の提出した二論文《Ecriture and Nationalism》《Non-Cartesian Cogito》について発表」（『柄谷行人インタヴューズ2002-2013』講談社文芸文庫、二〇一四年、三〇九頁）と。デリダはやはりこの論文を読んでいたのである。ほーらね、やっぱりそうだったじゃないか！と思った。十年来、この論文をデリダが読んだら、そうとうに強く揺さぶられることになるだろうという確信が私から離れることはなかったのである。次の一節を読むだけでデリダは容易ならざる問いを突きつけられたというふうに受け止めざるをえないはずだからである。《ニーチェがのべたことにもう少しこだわるとすれば、「インド＝ヨーロッパ語」に対する「ウラル＝アルタイ語」の差異を、主語の問題として見るのはまちがっているといわねばならない。インド＝ヨーロッパ語においては、すべての文が、主語と述語という「判断」の形態に変えられる。その場合、存在するという意味での be も述語 being となる。アリストテレス以来、形而上学は、この being を他の主語あるいは述語の位置におかれる概念と区別してきた。こうして、西洋の哲学は、つねに存在論というかたちをとってきたのである。ハイデガーが「存在者と存在の差異」というのは、たんに文法的にいえば、概念となるなりう

Aristteles
(紀元前 384- 紀元前 322)

るものと、概念になりえないのみならず、あらゆる概念（主語と述語の位置におかれる）をつなぎ支えるものとの差異である》（『ヒューモアとしての唯物論』講談社学術文庫、一九九九年、一〇九頁）。

柄谷は、印欧語に対して非対称的である日本語、中国語における「コプラ不在」の観点から、ハイデガーのロゴス中心主義（コプラを持つ言語の印欧語中心主義）を相対化させる立場に立って、ニーチェを評価しているのである。それに対し、デリダのニーチェ言及、ハイデガーへの留保は、もっとずっと曖昧である。それはデリダが曖昧だからではない。不可避的な曖昧さというべきものである。デリダのロゴス中心主義批判は、ヨーロッパ言語（とくに古代ギリシャ語につながる形而上学の言語）の中で発動されるという限界を守っている。デリダは、周知のように、自分の知らない言語の思想について語ることには、きわめて慎重で控えめな立場を守った人であった。柄谷との関係においても、デリダは、言語の問題があっただけに（二人は英語を通して議論する仲であった）、柄谷を相手に議論を詰めたことがなかったはずである。ただし、柄谷の二論文を英語版で読んで、柄谷のニーチェへの言及、ハイデガーの「存在論」に対する批判的視点、これらを通して、柄谷が言いたいことは正確に理解できたことは疑いえない。その上、これはデリダと対話した機会に確認したことだが、デリダは柄谷のことを相当に気にしていた。

唐突な断言になるが、私自身は、日本語にはコプラがない、というキッパリとした立場をとっている（季刊『iichiko』二〇一七年春号、第一三四号、九五頁参照）。

その点で、私は柄谷の見方に保留なしに賛同している。そして、私もまた、柄谷同様、ハイデガーとデリダの「存在論的差異」に対する過剰な思い入れに対して、強い異和の意識を持ち続けてきた。柄谷の「非デカルト的コギト」を座右の論考にして、コプラの問題を考え続けてきたのは、この点で、柄谷と「差異の意識」(『ヒューモアとしての唯物論』講談社学術文庫、一九九九年、一〇七頁)を共有してきたからである。

以下のように私の見方を表明することにする。デリダはついに最後の最後まで明言しなかったが、ハイデガーの『形而上学の根本諸概念』における最も根本的なテーマは、実は、動物のテーマというよりは、「コプラ」のテーマだったのである。

第四講義でデリダが殊更にとり上げた「それとして」の構造は、実は、デリダが正面から語ろうとしなかった「コプラ」の構造を前提にしたものであったのである。『存在と時間』(一九二七年)から、『形而上学の根本諸概念』(一九二九―三〇年)を通って、『形而上学入門』(一九三五年)にいたるまで、ハイデガーは一貫してコプラの問題を念頭においていたのである。『存在と時間』『形而上学の根本諸概念』における「として」と「コプラ」の関係についての執拗なこだわり、これらはすべて、実は、西洋形而上学そのものが核心部に抱えているコプラの問題に関わっているのである。

柄谷のいうように、日本語で思考する人間は、ハイデガーの問いの立て方に追随する理由を持たない。ハイデガーが「存在の問い」として立てた問題を、存在論とは別の仕方で（たとえば道元『正法眼蔵』第十七「恁麼（いんも）」のように）問いうるはずだからである。柄谷は、それを日本語（ウラル=アルタイ言語）による視点の側から見事に語ってみせた。それに対して、柄谷に大きく賛同の意を表明する形で、デリダは、柄谷とは逆の側（印欧語による視点の側）から、言いかえれば、ハイデガーとデリダの母語による視点の側から、ハイデガーの「存在論的差異」の論考を相対化させる必要を自らに対して突きつけたのである。私は、ここに、デリダの誠実を見たい。西洋文化圏の思想家の中で、このような形で日本人の柄谷によるハイデガーへの留保に対して、間接的にではあっても、賛同の意を表明した西欧人は稀（ほぼ皆無）だからである。

形而上学の問いを、現在では大きな批判の対象にされている、アリストテレス以来の「言語論理学」をモデルに「存在の問い」として立てて来た西洋形而上学の歴史そのものの土台となっているコプラ動詞中心主義、そのことをハイデガー自身が絶えず意識していたはずである。彼の「存在の問い」は、ある意味では、この事実と不可分な関係にあるものなのである。コプラ動詞の「である」、これは、コプラのない日本語で考える限りでは、ハイデガーとは「別の仕方で」（レヴィナス）押さえうるのである。ハイデガーが挙げている例文（『存在と時間（上）』筑摩学芸文庫、一九九四年、三二頁）：「空が青い（青くある）」「私は嬉しい（嬉しくある）」を、日本人のわれわれは、ハイデガーのように受け取らねばならない理由はすこしもない。なぜなら、佐久間鼎が厳密に論究しているように（『日本語の言語理論』恒星社厚生閣、一九五九年、一四八―九頁）、日本語の表現である「空は青い」「私は嬉しい」は、コプラ動詞の介入を必要とせずに命題形（判断文形）として国際的に通用しうるからである。『形而上学の根本諸概念』の例文についても同じことがいえる。日本語で考えたら、「黒板は黒くある」など単なるこじつけにすぎない。柄谷がいうように、日本語にはコプラが欠けているのではなく、コプラを存立させるbe動詞がないのである。だから、ニーチェの『善悪の彼岸』の表現を、訂正を加えた上で、正確に言い直せば、柄谷のいうようになる。ニーチェのいう「ウラル＝アルタイ語」である《中国語のような孤立語や日本語のような膠着語》には、《文法的な subject が欠けているのではなく、そのような主語―述語の分割（判断）を可能にする"be"が欠けているのである。膠着語や孤立語から見ると、インド＝ヨーロッパ語の文法において特徴的なのは、主語ではなく、主語と述語を分割し且つつなぐ繋辞としての be である》（『ヒューモアとしての唯物論』前掲書、一〇八頁）。このニーチェを受けて打ち出された柄谷の指摘は、デリダを震撼させずにおかなかっただろう。

私の推測では、アーヴァイン校での発表以来、デリダは、この柄谷の指摘を真剣に受け止めたのだ。それが、二年後のスリジィ・ラ・サルでの第四講義の結びの謎めいた表現を生み出した因果性だったのだと私は思う。しかも、デリダにとって、これは、今度は、デリダ本人をニーチェ的蛮勇へと赴かせる魔の誘惑となるものであっただろう。なぜなら、柄谷の考察によれば、アリストテレス＝ハイデガー的「存在の問い」とは、コプラを持つ言語（古代ギリシャ語とそれを、ある意味で、モデルにしたラテン語、それからハイデガーの母語であるドイツ語）が可能にさせた形而上学的問いなのであり、コプラをもたない言語（たとえば日本語）の与り知らぬ問い（成立するはずのない問い）であるからである［ちなみに、ドイツに留学した時に、刊行直後の『存在と時間』を入手して、日本に持ち帰り、短期間でハイデガーの「存在の問い」を日本語論の枠の中で批判し、ハイデガーを乗り越えたつもりになった和辻哲郎の軽挙が、いまだに負の遺産の効果を与え続けているということは、この機会に想起しておくべきだろう］。

私の見るところ、デリダは、原稿無しの講義の中で、しかも、末尾にいたって、勇をふるって、遺言のような謎めいたメッセージを遺してこの第四講義を終えたのである。しかし、この点をきちんと語るためには、稿を改めて（仕切り直しの上）もっとデリダと柄谷のテクストに密着した議論をもって意見表明するのが礼儀というものであろう。

第4章　ベンヤミン

デリダが丹念に読み込んだベンヤミンのテクストの中で、私にとってとりわけ思い出深いものとして、次の三つがある。「言語一般および人間の言語について」（一九一六年）、「暴力批判論」（一九二一年）、「翻訳者の使命」（一九二五年）である。ところで、デリダは、これらのテクストを、書かれた順序とは逆向きに、読み込んだのである。

デリダによるベンヤミンの読みは、言語論、とくに翻訳論として着手された。「バベルの塔」（一九八〇年）の中で、「言語一般および人間の言語について」の読みを先送りにし、《「翻訳者の使命」に論を限ることにする》（『他者の言語』法政大学出版局、一九八九年、一五頁）とことわっている。翻訳について、主に「翻訳者の使命」を通して語り、次に、「暴力批判論」の読みを通して、「法・暴力・正義」について語り、一九九七年にいたってようやく「言語一般および人間の言語について」の読解を提示するという口約を果たしている。ところが、この時点にいたってもなお、こう言っているのである。《私には、一九一六年、第一次世界大戦のさなかに書かれたあの見事な省察（「言語一般および人間の言語について」）［・・・］における、彼の議論に追随する用意はない》（『動物を追う、ゆえに私は（動物で）ある』筑摩書房、二〇一四年、四七頁）、と。その理由を続く頁で述べてはいるのだが、デリダの真意を推し量るのはきわめて難しい。ある程度の確信を持っていいうることは次のことのみである。デリダがいうように、ハイデガーが、《現存在のある種の頽廃に関する、非キリスト教的たらんとする論考》としての『存在と時間』において、ただ一回だけ《動物を名指した》機会に、《動物が時間を持つかどうかを知ることの困難》（同右、五〇頁）に関わる問題を永遠に先送りにせざるをえなかったのと似たような事態にデリダ自身もまた陥ったからだと思われる。デリダがぶつかった問題とは、まさにベンヤミンが「言語一般および人間の言語について」の中で扱っている問題、デリダが一九九七年まで先送りにしてきた、自然の（あるいは動物性の）「メランコリー的悲哀＝喪」（同右、四四頁）についてのベンヤミンの省察がはらむ問題であった。デリダの困惑は次のように述べられている。つまり、この問題において、ベンヤミンが《喪失の悲哀に沈むあの失語症の場面の全体を、贖罪の時間のうちに、すなわち堕罪の後に、そして原罪の後に配置するからである》（同右、四七頁）、と。私にはこれ以上のことはいえないが、デリダがこの一九一六年のテクストの読みを懸案の課題として長期間先送りにしてきた理由の一つがここにあったのだということだけは確実である。そして、実をいえば、次に紹介するデリダの生の声は、五六歳のデリダが、自分の「高弟」として遇していた、二五歳のアレクサンダー・ガルシア・デュットマン（『精神について』、『法の力』の独訳者でもある）の発表に寄せた熱のこもった、真剣この上ないコメントをなすものなのだが、デュットマンの発表は、気鋭の若者としての気負いを込めて、デリダをかくも長期的に困惑わせた「傷」としての名前の贈与、「喪の経験」としての名前の贈与のテーマに、師であるデリダの胸を借りる形で、挑んだ発表だったのである。

1　リシャール的スタイルとベンヤミン

デリダのテクストの読み方は、ジャン＝ピエール・リシャールのそれを思わせる。資質の点からいっても、デリダのスタイルには、リシャールの「ミクロレクチュール」［たとえば、ジャン・ジオノの小説『世界の歌』の読みにおける］を連想させるものがある。執筆のための方法論的手順からいっても、リシャールのテーマ批評のそれを感じさせる。もちろんデリダに特有な面もある。読解対象としての人物が、あるいはテクストが重要であればまるほど、一回の読解で片づけることを回避するスタイルである。ハイデガーの読み、「創世記」の読みなどがその典型例である。後者に関しては、テーマ毎に分割して繰り返し読み込んでいる。リシャールの方

ベンヤミン

法との類似性は、第一段階として、たとえば、神の名づけとアダム、バベルと翻訳（固有名と翻訳）、聖書とその逐語訳、アブラハムとイサク（供犠）、神の嫉妬と神の復讐といった、多少とも具体的な「モチーフ」を喚起させるテーマを選定し、次の段階では、モチーフ性を払拭した、より包括的で抽象度の高い枠を「テーマ」として立てる、たとえば「法と正義」、「ゼネストと暴力」、「翻訳と越境（諸ラングを踏み越えての翻訳）」、「動物とメランコリー」といったテーマを立てる手順を踏んでいることである。

デリダとリシャールの間のもっとも驚くべき類似性は、ある作品の一つのモチーフ、あるいは重要であると見なされた数行を、延々と何時間でも語っていくその体力と技量である。なるほどリシャールのミクロレクチュールがあくまでも文学作品を対象にしているのに対して、デリダの読解が主に哲学的テクストを対象にしているという違いはある。だが、かなりの類似性があることは疑いない。もう少し具体的にいえば、デリダの方法論（テクスト読解）の基盤には、明らかに以下のものがある。それは、リシャールのテーマ批評における第一段階の手順である鍵語の使用回数を統計的に確認する作業を行なっていることである。例証として、アルトー論「基底材を猛り狂わせる」の冒頭の第二段落の一行目を挙げることができる。《私の知るかぎりでは三度、少なくとも三度にわたって、アントナン・アルトーは「いわゆる基底材なるものに」言及している》（『アルトー／デリダ［デッサンと肖像］』みすず書房、一九九二年、五一頁）。もう一つの例

Antonin Artaud
(1896-1948)

を挙げれば、一九九七年夏の『自伝的動物』の研究集会のときの次の一文がある。《『存在と時間』［…］で、ハイデガーが、動物を名指したきわめて稀な機会のうちの一回、おそらくは（検証を要するが）唯一の回は、困難を認め、それを後回しにするためのものであった》（『動物を追う、ゆえに私は（動物で）ある』前掲書、五〇頁）。

デリダのエクリチュールにリシャール的な匂いをとりわけ強く感じたのは、一九八九年から九一年の二年間のセミネールにおいてであった。タイトル［八九―九〇年度「他者を好んで食べる」、九〇―九一年度「他者を食べる」］からしてリシャールのテーマ批評を連想させた。ところで、この時期に、一九八四年に始まる「社会科学高等研究院へ移籍以後の」セミネールに一つの転回が訪れたのである。そしてベンヤミンを主要人物の一人としてマークしていた時期（期間）に一つの休止符が打たれることになったのもこの時期なのである。最初の四年間（一九八四―八八年）においては、ベンヤミンは主要人物の中の一人としての位置を占めていた。私の見るところ、デリダのセミネールに一つの転回が訪れたのは、五年目（八八―八九年度）の『友愛のポリティックス』においてだった。そして、ベンヤミンについて積極的に語られたのは、それ以前の時期においてであったのである。だが、それればかりではなく、もう一つ注目すべきことがある。それは、「哲学の国民性（＝国籍）と国民主義」という総題をかかげた最初の四年間は、「ユダヤ・ドイツ」のプシュケー（Psyché）のテーマが大きく取り扱われた時期であったのだが、ベンヤミンは、アドルノ、アーレント、ゲルショム・ショーレム、フランツ・ローゼンツヴァイク(1986-1929)などと並んで、重要人物の一人として語られていたのである。ところが、ベンヤミンへの直接的言及は、この転回の時期の八八―八九年度以後、一九九七年まで、［一九九二年の間接的な短い言及を除けば］ほぼ十年間消えることになるのである。

ベンヤミンについての言及のトピックをなすものは、私の見るところ、一九八七年のデュットマンの発表の際に彼に与えたコメントと、一九九七年の『自伝的動物』の動物論である。この二つのトピックにおいて、デリダは、「言語一般および人間の言語について」を特権的な遇し方でとり上げたのである。

2 デリダとコーラ (Khôra)

デリダについての断片的な思い出なら無数にある。しかし、特別に思い出深いものとなると数は限られる。そうしたものの中に「コーラ」をめぐるものがある。ここで、あらかじめ、デリダのテクストとしての位置づけについて一言しておこう。

「コーラ (Khôra)」は一九八七年に『ポイキリア』という論文集に掲載されたテクストだが、

Gershom Gerhard Scholem
(1897-1982)

高等師範学校から社会科学高等研究院に移籍してから二年目（一九八五―八六年度）のセミネール「ノモス、ロゴス、トポス」（いずれ日本語訳の出る日があるはずだが）において、すでに、より入念に、『ティマイオス』の読みを試みていたのである。また、この時期にデリダが選んでいたテーマは、大きくいって、「哲学的固有言語（idiome）はあるか？」と「ユダヤ・ドイツのプシュケー［互いに他者を映す合わせ鏡としての魂＝鏡］」の二つであったが、むろん、アドルノ、アーレント、ショーレム、ローゼンツヴァイクなどに並んで、ベンヤミンが重要な位置を占めていた。以上を前置きにして、忘れ難いエピソードに移る。

一九八〇年代の終わり頃のセミネールにおいてのことだったと思うが、デリダが、ジョルジュ・カンギレムの思い出話をしたことがあった。六八年の学生運動の直後の時期に（デリダの先生でもあったのだが、デリダがリクールの助手であった時代にソルボンヌ大学教授であった）カンギレムがこういったというのである。《五月革命のタブラーラサ（旧体制の一掃）は、たしかに大学制度を一掃したのかもしれないけど、でも、ほら、まだちらほらぺんぺん草が生えているのだから、完全な一掃とはいえないね》、と。このエピソードが私を強くとらえたのは、「一掃された大学の状態」を「コーラの鏡面」と比較した言い方だったからである。デリダは、「コーラ」の徹底性、処女性についていいたかったのだと思う。鏡の表面としてのコーラは、ほんの数本の雑草すら生えさせることのない、まったくなにもない空間であるといいたかったに違いない。

Theodor Ludwig
Adorno-Wiesengrund
(1903-1969)

Hannah Arendt
(1906-1975)

むろん、それだけのことだったら、記憶に止めるまでもないデリダの軽妙なおしゃべりということで、聞き流していただろう。だが、デリダは、しばらくして、こう続けたのである。《だから僕はコーラが好きなんだ》、と。この言い方は軽い衝撃を与えるものだった。デリダにとって、コーラは、固有名という以上に、「人」なのだと私はそのとき思った。人格を備えた「何者か」なのだ、と。そういえば、デリダがコーラについて話すときに、あたかも一人の知人について話しているような印象を与えることが何度かあったのである。まるで、一人の知人を相手に会話しているかのようだと感じられたのである。事実、後に『コーラ』を読んでみて驚いた。たしかに、ソクラテスが出てきても、プラトンの『ティマイオス』の読みとしてはべつに不思議のないことではあるのだが、それでも、デリダが『コーラ』の中で、コーラとソクラテスをあからさまに重ねて語っていることには驚かされた。ソクラテスは、コーラ的「受容者」(『コーラ』未来社、二〇〇四年、八〇頁)と見なされている。その意味では、デリダが次のようにいっているのもべつに意外なことであるとはいえない。《おまえはいったい誰なのか、コーラよ?》(同右、五五頁)。実は、それればかりではない。私は、デリダを観察しながら、デリダはコーラが好きなのだと思ったことが何度もあった。あるいは、デリダは、自分も、できればコーラのようでありたいと思っているに違いない、と。こういうと、私が、まるでデリダを誇大妄想癖のある人間であると見なしていると思われてしまうかもしれない。しかし、私がいいたいのは、デ

Socrates
(紀元前469-紀元前399)

リダのミメティスムの資質なのである。デリダは、［一九八六年一一月一二日のセミネールの冒頭で、私を不意打ちにした］スピノザの『神学政治論』の一節についての語りを演じてみせた。まるで名優の演技のような迫力に満ちていた。こういうときのデリダは、ミメティスムの世界に入り込んでいるという印象を与えた。『創世記』における「復讐する神」に対して覚えたスピノザの驚愕が生々しく伝わってくる気がした。まさに演技の人、ミメティスムの人デリダであった。しかし、それ以上に驚くべきなのは、もう一つの点にあった。後日気がついたことだが、デリダは、スピノザについて語りながら、そーっと「コーラ」についても語っていたのである。「復讐する神」を「コーラ」との対比の下に語っていたのである。デリダは、「復讐」に身を委ねてしまう神に対して、まったき平静を保つコーラを、そーっと対置させていたのである。いってみれば、復讐する神とコーラの「プシュケー（合わせ鏡）」の構造の中に両者（二つの神）を対比的に位置づけていたのである。そして、まさにその点でこそデリダはベンヤミンに思いを馳せていたのである。そのことを、後で紹介するデリダの「生の声」の中に聴き取っていただければと思う。ここでは、あらかじめ以下のことのみいっておこう。

神のような「コーラ」を対置させると、『創世記』の「復讐する神」あるいは「嫉妬する神」、つまり情念に身を任せる神は、有限者である神としての姿を露呈するかもしれないと思えてくるだろう。けっして動じることなく、あくまでも平静な何者か（神）であるコーラを目の前にしたら、自らの情念によって平静を乱し、怒りや嫉妬に身を任せてしまう神は、赤面はしないかもしれないが、動揺はすることだろう。デリダがそのようなことを考えながらスピノザの驚愕について語っていたに違いないと私には思えた。また、そういう時のデリダは、自らがコーラになり切って物事を眺めていたに違いないと思えた。デリダが、《おまえはいったい誰なのか、コーラよ?》と問いかける際には、「私がコーラだったとしたら」という仮定を背後に抱えていただろうと思うのである。

ブルトン、ベンヤミン、コーラ

ベンヤミンの偏愛する「純粋」のモチーフは、コーラの純粋性を喚起させる。そして、ベンヤミンのいわばコーラ的特性は、次の二つのテクストの中に典型的な形で語られていると私には思える。まず、ベンヤミンの『パッサージュ論』だが、コーラとしてのベンヤミンこそがなしえた驚異的な力業だったと私は受け止めている。そのことを私は、以下、ベンヤミンを写真の「原ネガ」に喩えて語ることにする。ベンヤミンは、無数のパリの写真(ポジ)を、自分を、完璧な無、完璧な受容体、物質度ゼロの通過媒体となすことで、「現成」(現出)させた「パリの原ネガ」としてのコーラのような人だったのだ。

ここで私は、デリダ的テーマ批評のスタイルに追随することを避け、デリダがとり上げなかったベンヤミンのテクスト「シュルレアリスム」をとり上げることによって、意図的にデリダに対する距離を保った上で、ベンヤミンとデリダがどのように交差するかを、一つのテーマを通して検討してみることにする。そのテーマとは、「パリ」である。

ベンヤミンにおけるパリは、ブルトンにおけるパリ以上に、デリダのいうコーラを強く喚起させる。ベンヤミンは、アラゴンの『パリの土着民』のパリ、ブルトンの『ナジャ』のパリに強く魅かれた。アラゴンもブルトンも文字通りパリを自分の都市として生きた人間である。その点で、ベンヤミンは少し違っていた。これは資質の違いというよりは、現実的な理由によるものであっただろう。私は、ベンヤミンが、ユダヤ系のドイツ人としてパリと関係を結んだことを重視したい。ベンヤミンの『一方通行路』や『パッサージュ論』は、ベンヤミンの類い稀な受容性の産物だったように思える。ブルトンやアラゴンに比べてさえ、ずっと自分を無化できた天性の資質が可能にさせたものだったように思える。まさにその点で、私の目には、ベンヤミンのパリの経験は、パリとコーラの関係を強く喚起させるものに映る。まるで自らをコーラにしたような人物に思える。ベンヤミンという「原ネガ」を通して無数のパリ（ポジ＝写真）が「出現する（姿を見せる）」。まさにコーラのごとき完璧なまでの受容性によって。

「シュルレアリスム」（一九二九年）の中でベンヤミンが注目している最も包括的で根本的なテーマは、「イメージと意味」である。だが、これまで「イメージ」と「意味」を対比させる際の

Louis Aragon
(1897-1982)

ベンヤミンの意図は必ずしも十分に理解されてこなかったように思える。ベンヤミンが与えている、意味に対立するものとしてのイメージの規定、この規定は、コーラの規定を通して考えると、さほどの困難もなく捉えうると私は思う。「シュルレアリスム」の中で、ベンヤミンは、「イメージ空間」あるいは「集団としての身体」をテーマに語っているが、友人のショーレムに宛てた書簡（二九年二月十四日）の中で、この「シュルレアリスム」というテクストを、「『パッサージュ論』の前の不透明なついたて」と呼んでいる。このテクストは、文字通り、『パッサージュ論』への序章となったものであるとベンヤミンは見なしていたようである。以下、ベンヤミンとブルトンの突き合わせによって、そのことを検討してみたい。

「シュルレアリスム」の中で、ベンヤミンは、ブルトンの『ナジャ』の手法に彼自身の企図を投射している。その手法とは、複数の人間による「集合的作品」の製作という手法の対極にあるような手法である。そのことをベンヤミンはこう述べている。《個々の専門家がそれぞれ得意の分野で「とくに重要な事項を寄稿する」ような論文集としてではなく、ひとりの個人が秘儀的文学の、発展史というよりはむしろ、くりかえし更新されるその根源的な蘇生を、内的な必然性から叙述するような、基礎のしっかりした労作としてそれを書くこと——がもし実現するとしたら、それは、どの世紀においても五本の指に折られる学問的な信条告白の書の、ひとつとなるにちがいない》（『暴力批判論　他十篇』岩波文庫、二〇六—七頁）。ベンヤミンは、ブルトンの『ナジャ』という作品にその一つのモデルを認め、こういっている。《これらの物の世界の中心点に、もっとも深い夢を集めた夢の対象として、パリという都市そのものが存在する［・・・］そして、ひとつの都市の真の相貌ほどに、シュルレアリスム的な相貌はない。キリコやマクス・エルンストの絵画をもってしても、都市内部の堡塁群の、はっきりした輪郭はえがけないのだ。それらの堡塁は、［・・・］都市の使命のなかに、かつ都市の大衆の使命のなかにあって、それらは独自に発揮する。ナジャはこのような大衆に革命的な霊感を吹きこむものを、代表するひとりにほかならない》（同右、二〇四—五頁）。『ナジャ』について語る以下のベンヤミンの指摘は特に興味深い。ベンヤミンは、ブルトンが『ナジャ』の中に挿入しているパリの「写真」、「小世界」であるパリの数々の写真が、ブルトンという一個人によって刻印され、受肉され、生きられた特徴の下にその相貌を現示させうるのだという。ベンヤミンが注目するのは、一方の個人、もう一方の「大衆」であると同時に「都市」である集合的なもの、この両者の間の「関係」についてである。部分を通して全体にいたるメトニミー（エコノミー）の関係に注目しているのである。その根本的な特性は、「部分」が「全体」を反映させる鏡の小面であるという点にある。総和としての全体とその部分との間の関係ではなく、こういってよければ、一つの「形態」が問われる関係である。その形態においては各部分がすでに一つの全体なのである、とベンヤミンは言わんとしているのである。この視点からベンヤミンは以下のように言いえたのである。

Giorgio de Chirico
(1888-1978)

Max Ernst
(1891-1976)

《シュルレアリストたちのパリも一つの「小世界」である。大世界である宇宙も似たようなものだろう。そこにも数かずの十字路があって、亡霊めいた交通信号が光を放ち、思いがけない類似性を見せたり互いに絡まり合ったりするさまざまなできごとが、日常茶飯事として起こっている。そういう空間について、シュルレアリスムの叙情詩は報告するのだ》（同右、二〇六頁）。

ベンヤミンにとってのパリ、ブルトンにとってのパリとは何か？ ベンヤミンのパリは遊歩道の都市であった。これらの遊歩道のパリを、ベンヤミンは、彼の最後の滞留地或いは廃墟の中で、執拗に記録し続けたのである。その住居地＝廃墟が国立図書館であった。彼は、そこにヒットラーの軍団が着く直前まで留まり、平然と、コーラに似た平静さをもって、作業を続けた。当時、国立図書館の司書であったバタイユに膨大な手稿を託してマルセイユに向けて南下すべくパリを離れる直前まで［そのことを思う度に私は目頭が熱くなる。無名＝匿名に徹した無私の人ベンヤミンを思うと。彼は国立図書館を離れた時に、個々人のものでもあり、万人のものでもある無名のパッサージュの中に溶け込んだ自分と離れて亡命する自分にはさほどの執着がなかったのではなかろうか］。

さて、いよいよベンヤミンのいう「一〇〇パーセントのイメージ空間」について語るべき番である。ベンヤミンはいう。《比喩とイメージとのこの両者

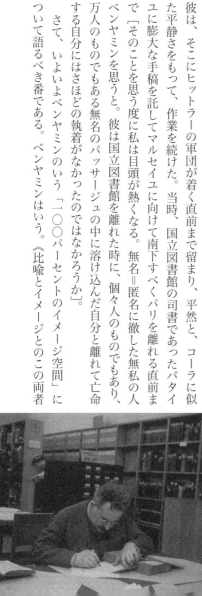

が、政治においてほどに激烈に非妥協的にぶつかり合う場は、ほかにはどこにもない。ペシミズムを組織化することは、政治から道徳の比喩を追い払って、政治行動の空間のなかに一〇〇パーセントのイメージ空間を発見することにほかならぬ》(同右、二二八頁)。字義通りに読んでみよう。ベンヤミンはこう言っている：「ブルジョア政党の綱領」あるいは、「ブルジョアジーの知的支配」あるいは「社会民主主義」「自由主義的道徳的ヒューマニズムにとって重要な醒めた理想」などから出てくるいっさいのイメージを払拭したら「イメージ空間」に至り着く。したがって、このイメージ空間は、比喩や文彩(隠喩、直喩、イメージなど)に対して隔たりを持つ。とりわけ道徳主義的イメージに対して。ここで、『暴力批判論』の中で、ベンヤミンが、第一次世界大戦直後の平和主義の言説に対して示した嫌悪を想起してみることができる。なぜなら、これらは、根源的暴力を忘却しているという点で共通するからである。注目すべきなのは、ベンヤミンにおける、あらゆるタイプの汚染を容赦なく断罪する性向である。

実は、ベンヤミンのいう「イメージ」は、隠喩や直喩における「ポール・リクールが『生きた隠喩』の中で述べているような」イメージとは無関係である。意味と一〇〇パーセント背反するもののことをいっているのだから。純粋なイメージは、一切のイメージを受け付けない、いわば裸形の「もの」なのである。意味性を完璧に払拭した純粋な空間表象としての「もの」なのである。それは、イメージというイメージをことごとく斥ける、純白の、空虚な空間表象性なのである。

これまでそのことが十分に理解されずにきたようだが、次のように考えたらベンヤミンの理解に近づくだろう。すなわち、「一〇〇パーセントのイメージ空間」とは、意味とイメージの融合を完璧に峻拒した空間、純然たるイメージのみの空間であると考えたら。その意味では、ここにあるのは、一種の絶縁体としてのイメージ空間なのである。まるで鏡面としてのコーラの空間のようなものを指しているのである。デリダは、このテクスト（「シュルレアリスム」）には沈黙を守ったが、読むのが難しかったからではないだろう。むしろ逆だっただろう。

3 「言語一般および人間の言語について」とデリダ

デュットマンは、一九八七年二月四日、「名前の出現」というタイトルで、約九〇分の発表を行った。それに対してデリダが見せた反応は異例のものであった。発表当日にデリダが与えた短いコメントに加え、翌週九〇分、翌々週三〇分、この発表についての討論に時間を割いたのである。後にも先にも例のないことであった。この発表は、デリダ・セミネールでの二回目の発表「聖なる名へ向けての道について」（一九八八年三月一六日）と共に（四章中の二章をなすものとして）、『贈与された言葉（La parole donnée）』［約束］として、デリダの著書を大量に刊行していたガリレー社から一九八九年に出版された。

デリダの長い冒頭の発言は、当時の様子を知る上で貴重な資料価値があると信じ、そのままの形で再現する。他の部分に関しては、デリダが特に力を込めて語った論点に絞って報告することにする。

「言語の起源」「名づけ」をめぐるベンヤミンの教義を要約した発表者の原稿の次の一節を引用することからデリダは語り始めた。「神は、名において、自らを創造主、言葉（Verbe）であると認識する。神は、名によって創造を認識するのであり、その際の創造の認識は、名なくしてはありえない。認識は、名および名の忘却に結びついている。だが、神的認識においては、神は、創造を名によって認識するのであり、そのようにして、自己の言語的本質において、自己自身を認識するのであり、神的認識は、［中略］自らが認識するものを創造する認識なのである。ゆえに、神的認識は、諸事物をそれらの名の中で創ることによって、つまり認識されるものを産み出すことによって、それらを認識するのである」。

デリダ：あなたの指摘の中で興味深く思えたものの一つ、ベンヤミンの［一九一六年の］このテクスト、［それについて］あなたが行った注解の中で［興味深く思えたもの、］それは次のものでした。この［ベンヤミンの］図式は、カントの図式を想起させないでしょうか。それを想起させる一つの伝統に属するものではないでしょうか。《intuitus originaris（根源的直観）》と《intuitus derivativus（派生的直観）》との間にカントが設けた区別（『純粋理性批判』（上）岩波文庫、二二〇頁）は知ってますよね。「カントの図式においては、」神の直観は、それが認識するものを産み出すことにおいて、根源的です。神は、神が見るもの、あるいは、認識するものを創造する。対象は、神に先んじては存在しない。その意味では、神の直観は能動的であり、根源的です。つまり、自発的です。神の直観が根源的であるということ、それは自発的であるということです。神の直観は、自分の対象を産み出します。それに対し、有限な存在者の直観は、derivativus（派生的）です。つまり、有限な存在者にとっては、事物の認識が受動的だということです。対象物は、私がそれを認識する以前に、したがって、それを受け取る以前に存在しているということです。私の直観は、有限であり、派生的です。したがって、ベンヤミンのいっていることは、名づけによって事物を創造する際の、その事物に対する神の関係は、事物に対する人間の関係とは、神が名づけによって事物を創造するという点で違う、ということだと思います。「ですから、その限りでは、二人の間には」べつに違いはなく、類似があると思えます。ということは、カントとベンヤミンの間の違いは、こうした伝統的な図式における連続性にもかかわらず、カントの場合は、「彼の図式が、ベンヤミンの図式に対して」言語を経由していないということなのでしょうか。なるほど、「カントのいう」根源的直観の創造は、「ベンヤミンの場合と違って」

「名づけること」によって作動するのではありません。ですから、私たちは、［ベンヤミンによる］同一の図式の位置のずらしに関わっているということですね。ここまで［の私の意見に］、異存はありませんか。

デュットマン：ウウ、ウッ［予期せぬ質問に、返答に窮して、笑いで返答］。

デリダ：さて、ベンヤミンは彼が「言語についてのブルジョワ的見解」（『ヴァルター・ベンヤミン著作集3』晶文社、三二頁）と呼ぶものを、耐え難い空虚なものであると批判しています。この見解は、以下のように見なします。第一に、語は伝達の一手段である。第二に、言語の対象は事物である、したがって、語は、その対象、つまり事物を伝達するための手段である。そして、その宛先は人間である。いわゆるブルジョワ的といわれるこの考えにベンヤミンが対立させる名づけという見解は、こういってよければ、その構造から手段、対象、そして宛先を除去します。名においては、とベンヤミンはいいますが、人間の精神的本質は、自らを神に伝達させます。それでは、ベンヤミンが精神的本質と呼んでいるもの、それは何か？［ベンヤミンによれば］人間の精神的本質、それこそがまさに言語です。彼はこういいます。名とは、それによっては何ものも伝達されないものである、と。そして、名によって、言語は、絶対的な仕方で、自己を伝達させます。言い換えれば、名は、情報のための、コミュニケーションのための道具でもなければ、手段、伝達手段（媒体）でもない。なぜなら、言語が伝達するのは、精神的本質だからです。そして、この精神的本質、それが言語です。言い換えると、言語は言語を伝達するのです。そして、言語は、ここで、人間の精神的本質とベンヤミンが呼んでいるものです。［・・・］

デリダ：［ところで、力を込めてデリダが引き出したベンヤミンのテクストの一節は、次の文を含む第一六段落の冒頭であった。《人間はあらゆる存在のうちで、神によって名づけられなかった唯一の存在であると同時に、その同胞をみずから名づける唯一の存在なのだ》（同右、三二頁）。この一節を引用した後に、デリダはこう続けた］

ですから、あらゆる存在のうちで、人間は、神が、それ（人間）を創造しながら、かつ、それ（人間）を創造するために、名づけなかった唯一の被造物です。まさにこれこそが、名と固有名に関する、人間の独自性です。しかも、人間は、自分の同胞に名を与えることのできる唯一の存在です。さて、ここから出発して、一つの問いを発してみたいのです。発表原稿の六頁目であなたがいったことを出発点にということなのですが、そこには、「照り返し＝反射（reflet）」の構造が、それと、イメージ（Bild）がしばしば出てきます［・・・］。私にはこう思われたのですが、ベンヤミンが、《神は人間をおのれの似姿［イメージ］にお創りに》（同右、三〇頁）なったというふうに、イメージについて述べていること、それは、［実は］人間のしていること（作業）なのであって、自らの同胞を名づけながら、神のすること（作業）を反復しているのです。人間は、神を模倣します。ただし、神がしたことを模倣することによってではなく、神の自由を、神の創造的な自由を模倣することによってです。ここには、擬態的（ミメティックな）構造がありますが、その構造は、「反射（réflexion）」、「照り返し＝反射（reflet）」としてある構造なのであり、表象関係にしたがって「模倣するもの」を「模倣させるもの」に関係づけるといった構造ではありません。そうではなく、一つの照り返し＝反射が、次のことを可能にさせる構造です。つまり、有限な自由、人間の自由が、名の産出行為によって、すなわち、行為、つまり有限ではあるが創造的な行為によって模倣する照り返し＝反射の構造です。つまり、この構造は、二つの自由の間のミメーシスです。名づけ（Nomination）、命名（Appellation）としての二つの自由の間にあるミメーシスです。人間は、神が名づけるように、名づける。しかし、これは、人間が神の名を反復するということではありません。人間は、今度は自分が、名を発明します。しかも、このような有限な主体による発明は、神的作業に似ています。ただし、この模倣上の逆説は、人間が自由であるという限りにおいてのみ可能です。つまり、名の発明者である限りにおいてのみ、とりわけ、人間自身が［神によって］名を与えられなかったという限りにおいてのみ可能です。人間は、神によってすでに名づけられたものではない、という限りにおいてのみ、今度は自分が、他のものを名づけることができます。つまり、神のごとくなすことができます。人間は神のようになす。しかも、創意なしに（盲従的に）というのではなく、自由に、です。「・・・」。ここで想起されるのは、カントの言説、例えば芸術家のミメーシスについての言説ですけど、ここには、むしろ、シェリングがいっていることも含まれます。シェリングにとっては、人間と神の間には、この反射の、照り返し＝反射の、鏡の反射のこうした関係があります。しかし、そこでは、「神と人間の」鏡による二重化は、それと同時に、創造を補完しにやってきます。つまり、何ものかを付け加えるのです。したがって、それ以前にはなかったもの、つまり、真に新しい何ものかを付け加えるのです。ところで、この充実化の作用を考えること、つまり、神の創造というものが、創造的命名（Appellation）をもっぱら補完するためにやってくると考えること、そのことは、次のことをほのめかします。すなわち、神による名づけが未完成であったということを、です。いずれにしても、ここにある未完成は、かならずしも否定的なものではなく、必ずしも欠如ではなく、欠陥でもありません。そうではなく、人間によって与えられる名のための余地を残している「という肯定的な」ものです。以上の理由から、うまく表現することがきわめて難しい構造が出てきます。つまり、「カントの場合とは違って」今度は、言語を通して、無限／有限の関係によって豊かにされた照り返し＝反射の構造が出てきます。

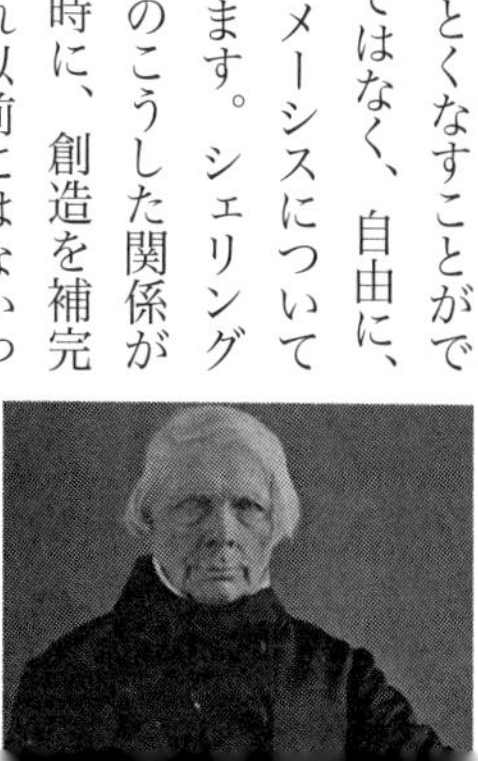
Friedrich Wilhelm Joseph von Schelling (1775-1854)

以上が、あなたの注解（読解）を聞いて考えてみることになった事がらです。［この後もデリダの目のくらむようなコメントが延々と続いたのだが、ここでは、以下の三点についてごく短く紹介するにとどめる。とくに重要であると思われるデリダの発言を《　》内に列挙するだけなのだが］

1．《争点になるのは、神は、人間を名づけることを諦め、いわば人間を解放し、結局のところ神に帰属しない被造物を認めなければならないということです。それは、神が、人間を名づけなかったからです。人間の名が与えられなかったからです。このような、人間の突然の出現、それは、神の一種の有限性を印づけているということです》。

2．《神に関して私たちがこのセミネールで探査したことはすべて、「神の無限性における有限性」でありうるものについての［よく考えたら、恐怖心を抱かせるような］一種の把握、予見といったようなものです。［というのは］情念、嫉妬が可能である神についての把握、予見だからです》。

3．《贈与というものがあるとしたら、その可能な唯一の贈与とは、贈与の贈与です。唯一、誰かが誰かに与えることができるもの、それは、これこれのものではなく、それは、「与える権能」［名づけるという権能］です。したがって、神が人間に与えたもの、それは、これこれのものXでも、これこれの権能でも、これこれの能力でも、動物に対する優越性でもありません。そうではなく、［神が人間に与えたものとは］、［神に代わって］今度は人間が与えるという権能です。神は、人間に、自由において、［今後は、人間の番として］人間が与えるという力、それを人間に与えたのです。そして、それが唯一可能な贈与です。その贈与とは、他者に何ものかを与えるということではなく、与える力を与えることです》。

以上でデリダのコメントの紹介を終える。デリダは、「言語一般および人間の言語について」の読解を、大きくいって、二つの時期に分けて行った。長い間、ごく簡単にしか語られなかったものがついに正面から語られたのは、一九九七年夏のデリダを囲む三度目の研究集会『自伝的動物』においてのことであった。それは、このベンヤミンの若書きのテクストの後半部についての読解であった。人間の堕罪、神の情念（怒り、嫉妬、復讐心）、自然の悲しみ、喪、メランコリーなどについての読解であった。デリダは、ベンヤミン的モチーフの何を継承しようとしたのであろうか。それは次のように表現できないだろうか。神／人間（そして人間／動物）の境界線上にあって、解釈の次第によっては、神／人間（したがって人間／動物）の境界画定そのものが微妙にかつ根本的にずらされることを余儀なくされるモチーフだったのではないだろうか。デリダは、たぶん、こう言っているのである。バベルの塔の建設に対して脱構築者として振る舞った神、その神は、存在者の中で唯一彼が名を与えなかった存在者としての人間に、「名づける力（権能）」を贈与したということは、無限的存在者である神による名の創造（名の贈与）すなわち「名づけ」が未完であるということを暗黙に意味しているはずである。つまり、人間によって与えられることになる名のための余地を神自らが開いたままにしたということを意味しているはずである。神が人間に与えたもの、それは神のように名づける能力（権能）であり、その論理的必然として、無限者としての神の有限性が出てこなければならない。本来ならば嫉妬や復讐といった情念的なものは、無限的な存在者（神）にとっては無縁のものであるはずなのだが、にもかかわらず、『創世記』では、神の復讐、嫉妬が語られている。ということは、無限的な存在者がどこかで有限性（有限的存在者の属性）を抱えているということである。ところで、この神の有限性は、まさに人間に対してなされた上記の贈与があったということから説明が可能になるのではなかろうか。言い換えれば、「名づけること」（これは、名の贈与といった、これこれの物の贈与のことではない）、贈与の贈与（名づける《力＝権能》の贈与）がなされたということ、つまり、神は「名づけること」を人間の手に引き渡してしまったということから説明が可能になるのではないだろうか。デリダは、おそらく、そのようにいっているのである。

無論、このようにデリダの発言をパラフレーズすることはさほど難しくない。難しいのは、例えば、デリダが、一九九七年においてもなお、ベンヤミン二四歳のテクストの読解を、おそらく永遠に、先送りにしなければならなかった理由を推し量ることである。

第5章　「転回」時におけるベンヤミンへの破格の思い入れ

デリダの思い出は、一九八四年に始まり二〇〇三年まで続けられた、社会科学高等研究院に移籍して以後の一九年間のセミネールの五年目に起きた「転回」と切り離せない。晩年のデリダに、すくなくとも、異例のことが二つ起きた。一つは、前年度のセミネールにおいて翌年度のセミネールのタイトルを、（しかも春の段階で早々と）予告したことであった。デリダは各年度のセミネールを終えて迎えた夏休期間中に翌年度のプランを考え準備をするのが通例だったのである。もう一つは、セミネール用の講義原稿をベースに、臨機応変に「講演用の」原稿を作成することを通例としていたデリダではあったが、例外的に、本（むしろ講演原稿）の執筆の際に、八八―八九年度のセミネールの講義原稿が二分割されたのである。これはまったく異例のことであった。ところで、以上の二つの例外的処置は、いずれも、八七年一〇月にパリで突発した「ハイデガー問題」に関わるものであった。私の推測では、デリダにとってポール・ド・マンの存在が大きかったことを物語る異変であったのだが、内容ついては触れずに、以下の二点だけを指摘しておきたい。第一に、デリダは、おそらく、「ポール・ド・マン問題」を契機に「友愛」のテーマに取り組むことになったのである。第二に、「ハイデガー問題」を契機に、以後、ハイデガーを取り上げる予定に大きな変更が加えられたのである。一九八八年春に「八七―八八年のハイデガー」と予告されていたタイトルが、「友愛のポリティックス」に変更されることになったのである。

この年度に先立つ四年間のセミネールの総題は、普通の（一般公開の）セミネールには「哲学の国民性（＝国籍）と国民主義」、（隔週で並行的に行われた）小セミネールには「法の前の哲学の諸制度」という呼称が付せられていたのであったが、この年度を境にして、目に見えた変化が現れていった。事実上、上記の二呼称が消えて、（かなりジャン＝ピエール・リシャール的な）「テマティックな」表題が付されていくことになったのである。「友愛のポリティックス」というタイトルは（構想時の予定通り）三年間保持され、それ以後の一二年間の最終総題は「責任＝応答可能性」とされたのである（本書、一八二―一八三頁参照）。具体的変化の一例を挙げれば、ハイデガーへの言及が目に見えて減り、レヴィナスへの言及が増えていった。

私がここで目標にしているのは、デリダにとってのベンヤミンの位置を確認することであり、『友愛のポリティックス』について語ることではない。ただ、すぐ後で、簡潔に最小限の情報だけは提供しておきたい。

1　ハイデガーとベンヤミン

高橋哲哉は、その秀逸な『デリダ 脱構築』（講談社、一九九八年）の中で適確かつ巧みにデリダ思想の核心を言い当てている。なかでも見事なのは、「プラトンにはすべてがある」の一節（五〇―五四頁）である。次の二点に注意を促しておきたい。（一）これは、たとえばプラトニズムを逆転させる企図として話題にされたドゥルーズの立場に対する、デリダの独自な立ち位置を表明したものとして受け止めうるだろう。従来、形而上学的二項対立の権化とみなされてきたはずのプラトンの中に、デリダは、プラトンのテクストが、「自己‐脱構築的」（五三頁）であることを、人の意表を衝く形で、取り出して見せた。（二）高橋は、さらに、デリダ思想の全体像を見事な言い方で押さえている。「〈言語〉と〈法〉はデリダにとって二つの特権的な〝テーマ〟であり、脱構築の実践はつねにこの二つを焦点として展開していると考えることもできる。いや、この二つの〝テーマ〟は必ずしも二つではない。言語についての考察は法についての考察として読むこともできるし、逆に、法についての考察は言語についての考察としても読むことができるからだ」（一八〇頁）。

以上の二点はデリダの思想圏の包括的な押え方への導入としてこの上なく有効なものである

と私は思う。その理由を述べることから始める。私は、ある時期から、デリダの思考が二つの焦点を持つ楕円のようなものに思えるという気持ちを抱くようになった。その最初のきっかけになったのは、八八—八九年度のセミナーに出席したことであった。そして、私の「デリダの思い出」は、思い返してみれば、このセミネールを核にして構築されている。ただ、あらかじめお断りしておくが、私の見方が正しいとはいわない。複雑に錯綜したデリダの思考をこの種の単純な図式でいい切れると思う程ナイーヴではない。だが、それでも、この思いが執拗に憑きまとっているというのは事実である。それと並行して、これまた執拗に憑きまとっているものがもう一つある。それは、なぜデリダはマルクスについての言及を生涯渋り続けたのかという疑問である。こういったら驚く読者も多いことだろう。しかし、『マルクスの亡霊たち』について、直にデリダに質問する機会があった際(一九七年三月一四日)に、デリダはキッパリとこう言った。「これ(この本)は、マルクスについての本ではなく、マルクスをめぐるフランスの反応の症例についての本です」、と。じっさい私は、この本がマルクス論であるとは思ったことは一度もない(むしろ、マックス・シュテルネールについての本であると私は受けとめている。いつかそのことを語る機会を持ちたいと願っている)。マルクスに関しては、一九九七年のスリジィ・ラ・サルでの研究集会(『自伝的動物』)の際のデリダの発言が耳にこびりついている。デリダは、スリジィ・ラ・サルの会場(シャトー)の最上階の大部屋における集会の席で、アルチュセールとの(サン

Karl Marx
(1818-1883)

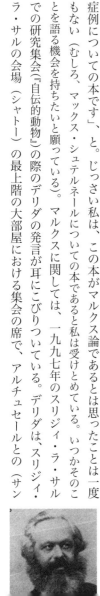

タンヌ病院での）「延々と続いた対話」について話したのだったが、そのときデリダは、「私はそのことについて語ることはないだろう」、そして、そのことに対して一生涯、ついに彼についてそれなりの仕方でズバリ言及することを永遠に保留にすることに対して「自責の念を抱いている」、と告白調で語ったのである。

本題にもどろう。デリダは、おそらく、ハイデガーとベンヤミンを二つの特権的な核にすえて仕事をした人である。それが可視的になった年、それがまさに八八―八九年だった。私の思い出は、実は、ここを起点にして構築されている。以下、そのことを、三段階を追って、語ってみたい。

八八‐八九年度のセミネール

一九九四年一〇月にガリレー社から『友愛のポリティックス』が刊行された直後に、セミネール会場の近くの路上で、私はデリダと立ち話をする機会があり、「前書き」の一頁目の記述にいくつかの誤りがあったので、そのことを告げたら、「セ、ポッシーブル（ありえますね）」といういくぶんぶっきらぼうな返答が返ってきた。年代表記が不正確であったという程度の誤りだったのだが、日本語訳ではきちんと訂正がなされている。その時にデリダの示した反応にハッとさせられたのはむしろ次の瞬間であった。「（デリダ先生の）セミネールに出席し始めたのが八六年でしたから、今年が九年目なのですけど…」となにげなくいった私に対して、「ほらね、もうそんなになるでしょう」と、悲しそうに嘆息をもらしたのである。私は意表を衝かれると同時に、自分の無神経をいくぶん恥じた。この思い出は、三年後の『自伝的動物』研究集会の時の上記のデリダ発言と結びつく。デリダがしきりに口にするようになった「もしもわたしに時間があったら（時間が残されていたら）」という発言とである。例えば、ハイデガー問題が起きた時点ですでに、デリダは、「あと何回ハイデガーについて語る機会が持てるか分からないが」という気持ちがあったはずなのである。デリダのハイデガー発言の中で私の記憶に焼き付いているのは八八―八九年のセミネールと九七年のスリジィ・ラ・サルでの第四講義（ハイデガー論）であった。そして、今更のように私に取り憑くことになった思い出とは、この二回とも、ハイデガーがベンヤミンに結びつけられていたことなのである。このことの確認はデリダの全体像を押えるための特権的な通路の一つであると私は確信しているが、現実的な裏付け作業の一端を、本連載の最終回に、示しておきたいと思う。デリダが両者を繋げて論じた二つのテクストの一つ「言語一般および人間の言語について」に関しては前章ですでに述べたので、ここでは「暴力批判論」について述べる。しかし、その前に、八八―八九年度のセミネールで形をとった「大きな異変（転回）」について手短に述べておこう。転回時の異変として以下の四点が認め得るだろう。（1）セミネールの最初の四年間の枠の消去。（2）各年度のタイトルがテマティックなものになったこと。（3）小セミネールのタイトル「法の前の哲学の諸制度」が『法の力』の中に、まとまった言説として、組み込まれたことによって、それ以後、小セミネールの枠が消失することになったこと。（4）デリダが、長期間にわたって、ベンヤミン読解をハイデガー読解と結びつけて読む意図を抱えていたことがはっきりしたこと。

2「暴力批判論」の位置

「友愛のポリティックス」というタイトルを付けられたセミネールは、大きな予定変更であったことを証すように、（ほぼ忠実に再現された）以下の言葉で始められた。「〈友愛のポリティックス〉についての今後数年間のセミネールが、これまでの「国民性（＝国籍）と国民主義」についてのセミネールを単に中断させるのではなく、それなりの仕方で、継続するものであると信じます。今日からさっそくそれが示されるはずです。今日は、ヘーゲルが好んで使った言い方を借りれば、〈序文〉に先行する〈前書き〉を開始します。今日からの二、三回、場合によっては四回、言語遂行的発言、スピーチ・アクトとして。それを通して、大きなパノラマを開いていこうと思います。多くの難しい資料を読みながら、ゆるやかなリズムで。今日の前書きでは使用文献についての最初の展望も与えたいと思います」（八八年一一月九日の講義）。大雑把な見積もりでいえば、八八―八九年度のセミネールの一二回分のうちの二回分が『法の力』第二部の執筆に、残りの一〇回分が『友愛のポリティックス』執筆に使われたのである。これら一二回分の講義原稿は、本のための執筆においてかなり書き変えられてはいるが、基本的には、以上の経過を踏んで『法の力』と『友愛のポリティックス』は書かれたのである。

私の推理では、デリダが、これら二冊の本を作成するに当たって、それ以前に本の構成を決定していたとは思えない。なぜなら、デリダがこの年度の講義原稿を書いた（タイプした）段階では、それを二分割して二冊の本にするということを考えていなかったはずだからである。もちろん、デリダがこうした事情を隠したとはまったく思わないが、なんの説明も与えなかったことは事実である。

これら二著の刊行に関することで、あらかじめ、以下の二点を確認しておきたい。

第一に、『友愛のポリティックス』の中ではベンヤミンについての言及はほぼ皆無である。すぐあとで確認するように、「友愛のポリティックス」と名づけられたセミネールにおいて、最重要のテクストの一つをなしていた「暴力批判論」への言及が消えているのは奇妙というほかないものなのだが、次のように考えれば納得がいく。ベンヤミンについての言及はそっくり『法の力』の中に組み込まれたのである。もちろん、『友愛のポリティックス』において、ベンヤミンへの言及が皆無というわけではないが、ごく短い言及が五カ所（日本語訳の上巻、一三三頁、一四二頁、二〇七頁、二二二頁、二六二頁）あるのみである。第二に、『法の力』においては、ベンヤミンの「暴力批判論」が文句無しに中心的位置を占めている。とりわけ、「第二章　ベンヤミンの個人名」は、こういってよければ、デリダによる長大な「パラフレーズ」（引き延ばされた祖述）の試みなのである。私の知る限り、デリダの著作物の総体の中でもたった一つの例外と見なしうるものである。プラトンとハイデガーを読んだ際に、これに似たスタイルを選んだという例はないではないが、ここまで徹底的にパラフレーズのスタイルを貫いた例を私は知らない。このことは、かくまで、ベンヤミンが、デリダにとって、例外的存在だったのだということを端的に物語っているだろう。ベンヤミンに対するデリダのこの立ち位置は、デリダに並ぶフランス屈指のハイデガーの読み手であったフィリップ・ラクー＝ラバルトのそれを連想させる。デリダが、「言語一般および人間の言語について」と「暴力批判論」を投機買いした（これらのテクストの読解に賭けた）のだとすれば、ラクー＝ラバルトは、さらに若書きの、二一―二三歳のベンヤミンのテクスト「フリードリッヒ・ヘルダーリンの二つの詩『詩人の勇気』と『内気』」を投機買いしたのである。このことは、実は、私に執拗に、謎のように取り憑いている。

ここで、ごく具体的な情報を提示しておこう。『法の力』の刊行経過については、高橋哲哉『デ

リダ　脱構築』（前掲書、一八〇―八頁）、『法の力』（法政大学出版局、二〇一一年新装版、二一六―七頁）の「訳者あとがき」で説明されている通りだが、実は、第二部「ベンヤミンの個人名」は、「暴力批判論」の読解に割かれた講義の四回分（八九年二月八日、三月一日、三月八日、三月二九日）の中の特に二回分（三月一日と三月八日）の講義原稿をベースにして執筆されたものであったのだ。以下の三点のみ指摘しておきたい。

（一）八八―八九年度のセミネールにおいては、ハイデガーの『ヘルダーリンの讃歌――《ゲルマーニエン》と《ライン》』（創文社『ハイデガー全集　第三九巻』、一九八六年）の一節の読解が「暴力批判論」読解への導入（準備）として語られたのである（八九年二月八日の講義の録音テープによる）。端的にいえば、ハイデガーの語る、国家創設時（革命的状況）における、（閣僚級の政治家、思想家、詩人にとっての）、「歴史性」の本質的（＝構造的）読解不可能性というモチーフ、これが「暴力批判論」における革命的ゼネストの時点における歴史性（＝時代性）の読解不可能性のモチーフと繋げられて、両者のアナロジーが問われたのである。

（二）『法の力』第二章「ベンヤミンの個人名」は、八九年三月一日、三月八日の二回分の講義原稿をベースにして書かれたものである。

（三）私には幾つかのモチーフにおいてデリダがベンヤミンに大きな重要性を与えていることが、長い間、謎だったのだが、三月二二日の講義の末部を今回聴き直してみて、ようやくその

Johann Christian
Friedrich Hölderlin
(1770-1843

謎が解けたという思いがした。デリダは、翌週の講義（三月二九日の講義だが、どういうわけか録音カセットが見つからない）の予告を以下のようになしたのである。二二日の講義では、主に、アウグスティヌスの『告白』を取り上げ、「涙、喪、（友人の死の後の）友愛」のモチーフについて語ったのだが、その際、デリダは『告白』を『神の国』に繋げ、これらのモチーフに、「平和」（地上の平和、天上の平和、神において人間が互いに繋がれる天上の平和、永遠の平和）のモチーフを連繋させていたのである。そして、そこからデリダは、ベンヤミンの「暴力批判論」の次の一節こそがまさに、一つは「非暴力的な和解」と「心の文化（Kultur des Herzens）」（『ベンヤミン著作集1』晶文社、一九六九年、二三頁）、もう一つは、「平和という言葉の二重の意味」（同右、三五頁）の節だったのである。

3 デリダにおけるベンヤミンの位置

デリダがベンヤミンに対して格別な思いを抱いているらしいということは何度か感じたことがあったが、その確信をえたのは、一回目が、八八―八九年のセミネールを聴講した時であり、二回目が、九七年の『自伝的動物』の研究集会の第四講義を聴いた時であった。しかし「言語

Aurelius Augustinus
(354-430)

一般および人間の言語について」と「暴力批判論」がデリダの中でどのように連繋されているのかは謎として残った。その謎がようやく解けたと思えたのが、上でいったように、三月二二日の講義の末部を聞き直したごく最近のことであったのである。こうして、ようやく私は以下のことに納得がいったのである。スリジィ・ラ・サルでの九七年の動物論における、「言語一般及び人間の言語について」の読みにおいて、デリダは「深い悲哀（Traurigkeit）」「メランコリックな喪（deuil mé-lancolique）」（『動物を追う、ゆえに私は（動物で）ある』筑摩書房、二〇一四年、四四頁）について語ったが（本書、一一三頁）、デリダの中では、「喪」「涙」「こころ」「永遠の平和」といったモチーフが、遠大な構想の下に、アウグスティヌスとベンヤミンを通して連繋されていたのである。

このことに気づくことによって、私は次のことにも思い当たった。それは、ロラン・バルトへの語りかけ（adresse）（形式としては、服喪として、友人の死後になされた、語りかけ）に始まるアンソロジー『そのたびごとにただ一つ、世界の終焉』（フランス語版に先立って二〇〇一年に英語版刊行）が『友愛のポリティックス』と内的に連繋された著作であったということに。

繰り返しいっておきたいが、デリダが格別の重要性を与えたテクストの中に、ベンヤミンの二つが含まれていたということは特筆に値する。二九歳の時の「言語一般および人間の言語について」（一九二二年）と三七歳のときの「暴力批判論」（一九二九年）の二つである。いずれも若書きのテクストであり、その点でも、デリダのベンヤミン評価は破格のものであった。私の観

Roland Barthes
(1915-1980)

測では、そのことがもっともストレートに表明されたのが八八―八九年度のセミナーにおいてだったのだ。ヨーロッパの歴史を友愛のテーマで語るという壮大な企図においてもベンヤミンは特異な（特権的な）位置を占めていたのである。私が最も驚嘆したのは、「暴力批判論」が、『法の力』という著作の土台そのものをなしていたばかりではなく、『友愛のポリティックス』という著作においても、ある意味で、別格の重要性を担っていたという事実に対してであった。デリダが「暴力批判論」という一論考にかくも巨大な「賭金」をつんだのは、私には大きな驚きである。『法の力』の中で、デリダが、脱構築不可能なものとしての「正義」を、ベンヤミンのいう「摂理」との関係において問いうるという賭けに打って出たことを読み取ることはさほど難しくはない（ただし、「暴力批判論」の最後の一行の読解に、「署名」のテーマを重ねたデリダの挙措は非常に危ういものであると私は受け止めている）。それに反し、次の一点は、それに気づいた時に、大きな驚きを与えるものであった。その一点とは、デリダが「暴力批判論」の中に一つの巨大な可能性を読み込もうとしていた事実である。端的にいえば、それは、ベンヤミンが示唆する（とデリダがみなしている）カントの「永遠平和」の理念を、「こころ」のテーマとしてヨーロッパの長い歴史の中に探る、という巨大な構想を温めていたということである。そのことについて語る用意は私にはない。ただ、以下のことだけはこの機会にいっておきたい。その一つは、デリダが、「ヨーロッパ」の歴史を語る際に、ギリシャ的なものとユダヤ的なものの分節という巨大なテーマを念頭においていたということ、もう一つは、それを、ベンヤミンを通して語ろうとしていたことは疑いえないということ、このことだけは言い切れる。

前章で私は以下の点に注意を促した。デリダが「言語一般および人間の言語について」の一節の読解を延々と先送りにさせたという事実があるという点に、である（本書、一一三頁）。ところで、このテクストを、「暴力批判論」との突き合わせで読み込んでみて気づいたことがある。デリダが、なぜ最後まで明快な言説を与えないで、それを延々とさき送りにさせたのかということに、である。もう一度繰り返しいうが、一九九七年のスリジィ・ラ・サルの研究集会では、「言語一般および人間の言語について」の読解の中で、ハイデガーとベンヤミンを連繋させるモチーフとして、「メランコリー的悲哀＝喪」を取り上げていた。それに先立つ一九八八―八九年度のセミネールでは、「永遠平和」を「こころ」のテーマと連繫させて語るという試みをしていた。ところで、この二つは、実は、不可分に連繫されていたのである。ただし、残念ながら、さらに一歩踏み込んで、デリダが「暴力批判論」の著者に対してどんな応答をしたのかを語ることは、今の私にはできない。私が言いうるのは以下のことだけである。デリダによる「暴力批判論」の読解、それは、ほとんど長いパラフレーズともいうべきスタイルで約三倍の活字量をもってベンヤミンを語る試みであった。そして、そこで扱われたテーマを並べてみると驚かずにおられない。第一に、「言語一般および人間の言語について」におけるメランコリー（＝喪）のモチーフへのこだわりは、「暴力批判論」における「こころ」のモチーフと連繋されていただろうということ。第二に、この後者における、「正義」あるいは「摂理」と「こころ」「永遠平和」が何らかの形で連繋されていたであろうこと。デリダが、これらの問題に回答らしきものを与えたのかどうかを判断するのは難しい。私が確言できるのは、これらの問題が、デリダに執拗に取り憑くことになったものであったということだけである。

4 ブルトンとベンヤミン

デリダの思い出を私は一貫してブルトンについて語ることと重ねてきた。本章においてもそのようにするが、私にとっては、デリダに対して一定の距離を保つための方策だったのである。私は、ほとんど本能的に、デリダの思想に飲み込まれてしまうことを恐れ、それを避けたかったのである。二つだけ理由を挙げておこう。

(一)、自分の側になにか支柱になるものを持っていないかぎり、デリダの言説に飲み込まれてしまうと思ったからである。

(二)、フランス語が母語でなかったことがあった。デリダのセミナーで自分を見失わないようにするのは容易なことではなかった。日本の出身大学の修士課程（哲学科）におけるスタイルが、不可避的に、ベースにあった私には、それを壊してしまう必要を痛感した。簡単に言えば、自信を失わない（押しつぶされない）ようにする工夫が必要だったのである。たとえば、私のフランス語の聴解力ではまったくお話しにならなかったのである。私が自分に課した最低限の対策とは、フランス語を母語とする聴衆にすこしでも近づくことであった。私には二つの策以外には何もなかった。一つは、講義を録音して繰り返し聞くこと、もう一つは、フランスの大学の仏文科におけるブルトン研究の経験を活かすことであった。精神の均衡を保つための、言い換えると、デリダに対してコンプレクスを持たずに済むようにするための、唯一の対策法だったのである。

ブルトンになじんできた私には、デリダのベンヤミン読解にはいくつかの違和感が伴った。一言でいってしまえば、デリダが「サンボリスム」の伝統をネグりすぎると感じていたのである。ベンヤミンはけっしてそれはしなかった。フーコーやドゥルーズもそれはしなかったと私は考えている。たとえば、デリダ的バイアスのかかった読み方では（たとえばジャン＝リュック・ナンシーの読み方では）『パッサージュ論』の著者であるベンヤミンは消されてしまうのである。なるほどデリダによる「暴力批判論」の読解は驚異的に刺激的である。ただし、不満は残る。デリダとは別様の読みが幾通りもありうると思うからである。また、たとえば、デリダによ

Jean-Luc Nancy
(1940-)

る最終行の読み（「摂理」を「署名」のモチーフから解読する強引な読み）には賛同できない（いつかこの点について意見を述べる機会を持ちたいと願っている）。ここでは、以下、「ゼネスト」についてだけ取り上げることにする。

あらかじめ、六八年五月（五月革命）についてすこし語っておこう。八八年三月一日に読み上げた講義原稿の中に（資料館で調べたわけではないので）書かれているかどうかは確言できないが、デリダは、こう発言した。「六八年は，フランスの歴史において、最長のゼネストだった、はずだが」、と。このとき、デリダが、六八年五月、ソルボンヌ大学構内で何度も会話を交わしたブランショと共有した経験のことを念頭においていたに違いない。ブランショに二度も著書の冒頭で献辞を捧げたことのあるラクー＝ラバルトにとっても、（彼が話してくれたことだが）六八年五月は熱い想いと切り離せなかったのだが、彼はデリダのようにブランショと直に話す機会はついに持たなかった。「書簡の交換」だけにとどまったのである。それに反し、二人の「覆面作家」同士のソルボンヌ構内での出会いはデリダにとって格別の意味を持ったにちがいない（デリダの最初の公表写真については、六九頁で述べた通りである）。私の推測では、八八―八九年度のセミネールの伏線にさえなっていたのだと思う。デリダにとっては、マルグリット・デュラスにとっての「恋人たちの共同体」（『友愛のポリティックス１』前掲書、一二七頁参照）に劣らず生々しい「友愛」の共同体がそこにはあったはずだからである。

以下、ベンヤミンの「暴力批判論」を、デリダの設けた枠を外して、もうすこし大きな枠の中に置き直して語ることにする。デリダのベンヤミン論は驚異的に凄いものだが、私には、デリダの関心による読みの方向性というバイアスのかかった読解に不満だからである。ベンヤミンは巨大である。幾通りもの読解をゆるす巨大さを明らかに抱えている。ベンヤミンの「暴力批判論」（一九二一年）を「シュルレアリスム」（一九二九年）と並べて検討するという手順をとることにする。

ベンヤミンが「シュルレアリスム」を書いた時には、ブルトンの『シュルレアリスム第二宣言』（初出は『シュルレアリスム革命』第一二号、一九二九年一二月号）を読んでいなかったのだが、それだけに、逆に、ベンヤミンの「暴力批判論」（一九二一年）、「シュルレアリスム」（一九二九年）とブルトンの「第二宣言」（一九二九年）との比較対照は私の興味を強くひきつける。以下、簡略に私なりの読解を行ってみたい。

ベンヤミンは言う。「革命のための陶酔の力を獲得すること、シュルレアリスムはあらゆる書物とくわだてでこの問題を循環する。シュルレアリスムはそれを自己のもっとも独自な課題とよぶ必要がある」（『ベンヤミン著作集8』晶文社、前掲書、三三頁）。このベンヤミンの言葉は、私には、「第二宣言」の次の一節を想起させる。「いまもなお世界各地に、大学高校に、工場のなかにすら、街頭に、神学校にまた兵営に、惰性を拒否する、純粋な若者たちがいる。彼らだけを私は相手にしているのであり、彼らだけを目標に、けっきょく、他と変りない知的な気晴らしの一種にすぎないという非難からシュルレアリスムを弁護しようと企てるのである」（『アンドレ・ブルトン集成５』人文書院、一九七〇年、六六頁）。

ここで、私がこの二つの言葉を「ゼネスト」に結びつけうるといったらさっそく反論にさらされるだろう。しかし、実は、その肯定はさほど突飛なものでもないと私はいいたい。そのことをここで検討してみたい。先ず手始めに、次のことを指摘しておこう。ベンヤミンのシュルレアリスム受容のスタイルと、この「第二宣言」に過敏に反応した当時のバタイユと友人達のそれを比較対照してみるのは興味深いことである。ここでは、ブルトンへの反論として書かれた「〈老いたもぐら〉と超人、超現実主義者における接頭辞 sur」（*Tel Quel*, n° 34, 1968）のみをとり上げる。このテクストは、刊行されずに終わったのであるが、まるで偶然でもあるかのように、パリ五月革命の時期に、バタイユの後継者を自認する「テル・ケル」グループによって刊行されたのである。デリダが八八年三月一日のセミネールの中でいったように、五月革命は、フランスの歴史において最長のゼネストだったのである。バタイユとブルトンの（実際にはなかった）論戦（舌戦）については多くのことが語られてきたのだが、ここでは次の一点のみに注目してみたい。二人の間の論戦から四半世紀後にバタイユは次のように述べているのである。「私は、今日では、次のように思えるようになっている。つまり、ブルトンには、同じ一つの真理への共同の奉献という希求があったのであり、ブルトンは彼の友人達がその希求の真理の表現であることを欲したのである、と。さもなければ、彼の友人ではないのだ、と。そのことに対しては、今でも私は賛同している。だが、そのことへの忠誠の諸形式にゴリゴリに執着したという点では、彼は間違っていたのだ」(*Tractes surréalistes et déclarations collectives 1922-1939*, Tome I (1922-1939), 1980, p. 428)。バタイユはここで以下の二点を述べたといえるだろう。

(1) ベンヤミンが「シュルレアリスム」を書いた時の時代認識として、ブルトンの「第二宣言」の立ち位置は、見解の相違にもかかわらず、評価できるものであったということ。(2) 当時のブルトンの見解が、ベンヤミンによるシュルレアリスム観と、政治的観点からして、かなり近いものであったこと。

ベンヤミンとの関係において興味深い点に的を絞っていえば、バタイユは、彼の友人だったベンヤミン同様に、ブルトンの言説の一面、デリダが「行為遂行的」とよぶ一面に注目していたといっていいだろう。柄谷行人ならば「戦前」(事前/事後の事前に同義)という語を使って語るだろうが。いずれにしても、デリダが、ハイデガーのヘルダーリン論を「暴力批判論」の読みのための導入に使った時に問題化された「(当事者にとっての、その時代の)読解不可能性」という時間構造が問われていることは間違いない。マルクス、バクーニン、ハイデガー、ソレル、ベンヤミン、ブルトン、バタイユ、デリダ、柄谷(その他、例えば芥正彦)の全員が、その一つの典型的なケースとして、「ゼネスト」（解放区）を念頭においていたことも間違いない。人が「戦前（事前）」にある時に戦後（事後）の立場に立つことはできないし、事実確認的な発言を選びえない。その典型的発言の一つをブルトンの「第二宣言」の中に求めるとしたら、以下のものである。「われわれが送っているつもりでいる生活とは別な生活が存在することのこれらの明確な証拠にたいして、いままでみたいに、人々がもはや無礼な振舞いにおよばなくなる日がいつか訪れるにちがいない。そうなれば、われわれがこうまで真実に肉薄しながら、一般に泳ぎを心得ずとも水に飛び込んだり、不死鳥の存在を信じずとも真理をつかまえに火中に入ったりすることなく、文学的その他もろもろのアリバイを自分のためにとりのけることに気を配ってきたことを知って、人々は驚きあきれることであろう」（『アンドレ・ブルトン集成5』前掲書、九五頁）。この立ち位置は、デリダが八八―八九年度のセミネールで正面からとり上げた「語りかけ（adresse）」の文体、このブルトンの文章は、デリダのいう「前未来形」で書かれている。それは偶然ではない。ブルトンの立ち位置がそうさせたのだから。そして、この立ち位置はデリダが八八―八九年に正面からとり上げた「アドレス」の文体と不可分でもある。ブルトンは、一九二四年の「第一宣言」以来、このアドレスを要所要所で使用していた。もっとも典型的な例は以下のものである。「親愛なる想像力よ、お前のいちばんすばらしいところ、それはけっして容赦しないという点だ」（同上、八頁）。この行為遂行的な言説を事実確認的な言説に言い換えると、たとえば次のようになる。〈皆さんの存在における想像力に私はとりわけ強い思いを馳せるのだが、私が想像力に訴えるのは、想像力が、だれに対しても、容赦しない（妥協を許さない厳格さを持っている）からなのだ〉。

ベンヤミンは、ブルトンの文体のこの点にやはり正当にも注目していっている。《ナジャはこのような大衆と、大衆を革命的に鼓舞するものの、一つの指数である。

「いきいきと響きわたる大いなる無意識よ、わたしがつねに証拠立てようとしのぞんでいる意味で、信ずべきわたしひとりの行動にわたしを鼓吹するものよ、わたしにある一切のものをいつまでも自由のままにしておくれ。（La grande inconscience vive et sonore qui m'inspire mes seuls actes probants dans le sens où toujours je veux prouver, qu'elle dispose à tout ce qui est à moi.）》（『ベンヤミン著作集8』前掲書、二一頁）。これは、実は、友に向けて発せられた言説だったのだ。これをデリダ的にいったら以下のようになるだろう。つまり、友愛に満ちた語りかけは、もちろん、無防備な相手を不意打ちにする暴力にもなりうるのだ、と。

さて、ベンヤミン、ブルトン、デリダの三者を六八年五月のパリの解放区、あるいは、日本で解放区について討論した六九年五月一三日の『討論・三島由紀夫VS.東大全共闘』の中で論じられた解放区に置き直してみよう。ブルトンの「第二宣言」は、このように締めくくられている。「危険な生き方の、また死の、かりそめの感情を超越するのはひとえに彼［人間］自身にかかっている。願わくば彼が、一切の禁止を尻目に、すべての人間のまたすべての事物の獣性に刃向かう観念の復讐の武器を用いんことを、そしていつの日か、敗北し——ただしこの世がこの世であるときのみ敗北するのだ——その悲痛な小銃の一斉射撃を祝砲のごとく身に浴びんことを」(『アンドレ・ブルトン集成5』前掲書、一二三頁)。ここに見られるトーンとベンヤミンの「シュルレアリスム」のトーンは、あるいはベンヤミンが「暴力批判論」の中で語っているジョルジュ・ソレルの「プロレタリア・ゼネスト」(『ベンヤミン著作集1』前掲書、一二五頁)のそれとは近似しているということに異を唱えるのは難しいだろう。ここで、デリダが語らなかった、六八年のゼネストについての以下のエピソードを想起しておきたい。

ドゴール時代の最後の首相であったポンピドーがイラン訪問を途中で切り上げてパリに戻ったときに発したことばは、「これはブルトンがしかけたことだな」であった。ソレルの語ったプロレタリア・ゼネストは、六八年のパリ、六九年の東京の路上で、ベンヤミン、ブルトン、デリダ、三島、全共闘を世界同時革命的解放区の中で出会わせることになったのである。そして、私たちは、永遠に、自分の置かれた歴史的状況において、生成途上にある「未完成の言語」(同右、二八頁)におけると同様に、本質的な読解不可能性(決定不可能性)に身をさらすことになり、自らの全存在をかけて、正義(摂理)と神話的暴力のせめぎあう予見不可能な解放区の中に置き去りにされているのである。デリダの思い出について語る締めくくりとして、私は次のこと

Georges Sorel
(1847-1922

だけは言っておきたい。ベンヤミンもブルトンもデリダも、だれひとり、『資本論』のマルクスについて真剣に語ろうとはしなかった。それは、やはり、ソレルに対しての後退であるというべきだろう。イデオロギーを超えて、いまこそ『資本論』を読むための機が熟しているのではないだろうか。私たちは、その傑出した先駆者として、すくなくとも、柄谷行人や山本哲士をもっている。フランスにおいては、ドゥルーズが、末期の日々に、自宅に経済学者を招いてマルクス思想の未来を模索していたということが知られている。私は、マルクスをメシアニズムのテーマを通して語るよりも、ブルトンのように「二次的共同体」論の方向で考えることに魅力を感ずる。ブルトンのいう二次的共同体とは（ジャン＝リュック・ナンシーは、バタイユに肩入れしすぎるあまり、『無為の共同体』の中で、それをまったく無視している）、柄谷行人のいう「世界共和国」、「永遠平和」（世界同時革命）とそれほど遠いものではない。すくなくとも、〈一度共同体と切れた人間によってなされる共同体の高次元での回復〉という点では。とはいえ、いずれにしても、デリダの数々の刺激的な言説が、これからも、亡霊のように回帰してくることは間違いないだろう。

スリジィ・ラ・サルでの研究集会
（著者左端、エレーヌ・シクスー右から４人目）

スリジィ・ラ・サル
Cerisy-la-salle

デリダのセミネール

1984 - 2003

私がデリダのセミネールに通い始めたのは、一九八六―八七年度からであった。だいぶ後になって、それが一九九四に始まったセミネールの三年目に当たっていたことを知った。偶然のいたずらで、私は三年目の一回目のセミネールを聴講したのである。むろん、このセミネールに長期間出席することになるとはまったく考えていなかった。だが、気がついたら、二〇〇二―三年度の最終年まで、ほぼ二十年間、通い続けていたのである。そうさせるだけの魔力をこのセミナーは持っていたということなのだろう。いくつかの個人的思い出を交えながら、以下、できるだけありのまま、デリダのセミネールの様子を伝えるように努める。

デリダを囲むスリジィ・ラ・サルでの三度目の研究集会（一九九七年）のときのこと、夕食後の歓談の席で、モーリス・ドゥ・ガンディアックがいったことを私はときどき思い出す。デリダ以外にも優秀な人はいた。リオタールにしろ、ドゥルーズにしろ、それぞれ優秀だった。にもかかわらず、彼らと比べてさえ、デリダはどこか違う。デリダの、歳を重ねるに連れて、ますます多産になっていくあの驚異的な生産力はいったい何か。皆は、それがどこからくるのかと自問するのだけれど、結局は、わからん、なんとも不思議だというばかりなんですよ。

デリダの湧き出るような生産性の秘密はどこにあるのか。彼のセミネールを検討してみれば、解明の糸口だけでも見つかるかもしれない。少なくとも、デリダの多彩な活動の源泉が彼のセミネールにあったであろうことを私は疑うことができない。この推測が的外れでないと仮定したとしても、しかし限られた枚数でどのようにそのセミネールの全貌を伝えることができるというのか。戸惑いは大きい。私の念頭にあるのは、一九八四—八五年度から二〇〇二—〇三年度までの一九年間にわたるセミネールのことである。あまりにも膨大でありあまりにも多様な一九年間の活動の何をどのように報告できるというのか。不用意に引き受けてしまったらどんな事態に陥るかを知っていた私は、執筆依頼を一度はきっぱりと断ったのであった。にもかかわらず、増田一夫さんの感動的で巧みなお誘いに屈する形になってしまったのは、この毒を含んだギフト（お誘い）になんとか応答を試みなければと考え直したからである。応答とは、待ったなしのもので、即座の決断が求められるのだ、というデリダの応答可能性＝責任の概念を思い起こしつつ。それにまた、デリダ本人に対する「約束」の不履行のことも考えないわけにいかなかった。セミネールについて連載で書くことにしたという（実際にあった）計画を伝えた時の、デリダの姿（右手を胸に当て、「フランス語でも読めるチャンスを持ちたいですが・・・」が今まざまざと蘇ってくる。しかし、それへの償いともいうべき機会は、ついにデリダ埋葬の場面に立ちあった後のことになってしまったのだが。

時間、場所、形式、聴衆、講義風景など

セミネールの概略報告を試みる前に、内容以外のことも報告しておこう。実際に出席したことのある人間でなければセミネールの模様を想像するのは難しいだろうと考え、簡略に駆け足で情報報告を試みることにする。デリダのセミネールは、彼が社会科学高等研究院教授になった年の一九八四年以降も、それまでと同様に、水曜日の午後五時から七時まで、高等師範学校の、座席数一九八の大教室（45 Rue d'ULM, Salle Dussane）で行われた。場所を社会科学高等研究院の座席数二五〇の階段教室（105 Bd Raspail, Amphithâtre）に移したのは、八年目（一九九一―九二年度）からのことであった。私の記憶では、高等師範学校の教室が満席になったことはなかった。聴衆の数は、少ない時は五〇人程度で、多い時でも一〇〇人を大幅に超えることはなかっ

た。場所の移動のあった年の前後は、すでに増加傾向にはあったが、目立つほどの変化はなかった。しかし、リオタールのパリ第八大学退官（一九九二年）、それに続くドゥルーズの同大学退官（一九九三年）のあたりからは、はっきりと増加が感じ取れた。現職の大物は今やいよいよデリダだけになってしまったか、という嘆息を耳にした時期のことであった。以後、教室の入り口からデリダの教壇の周囲まで、折りたたみの椅子、あるいは床、あるいは通路の階段に座った人間でびっしりになり、遅れて入ってきた人間がドアの前に立ち尽くすという光景がありふれたものになっていった。年度始めの数週間など、四百人を超えることさえたびたびあったように思う。

　デリダのセミネールは、「開かれたセミネール」と「限定されたセミネール」（小セミネール）の二本立てであった。前者は、何の気兼ねもなく誰もが出席できる、いわば解放区的空間であった。後者は、論文指導をしている学生のためという制度上の義務から、原則的には、博士課程の学生（多い時でも十人は超えなかったと思われる）のためのものであった。ただし、自分の指導する学生以外にも、発表という形で積極的に参加する人間は出席していいという含みのプロトコールを与えていた。高等師範学校の大教室においては、小セミネールへの出席者数は十五人から三十人程度だったが、教場を移してからは、徐々にこの原

1991年、デリダによる社会科学高等研究院での講義光景。(出典：*Le Magazine Littéraire,* no.498, juin, 2016)

則は無視され出し、「開かれたセミネール」の日とあまり変わらない数に近づいていった。しかし、デリダはそれについてうるさいことは言わなかった。形式上、多少の変化はあったものの、この二本立ての構成は、（最後の五年間を除いて）[1]堅持された。ところで、フランスの学校が二週間の休みとなる復活祭の休暇と重ねて、デリダは毎年アメリカの大学で講義（セミネール）を続けていた。したがって、三月末から四月初旬にかけて一カ月ほどはパリのセミネールは中休みという形だった。セミネールは、ほぼ例外なく、開始日が十一月の第一ないし第二水曜日、最終日が六月末で、多い年が（大小セミネールを合わせて）三十回、少ない年で二十数回だった。[2]その他、討論（質疑応答）の日に当てられた日も年に四、五回はあった。一月末ないし二月の頭まではデリダがタイプ原稿を準備し、講義形式でセミネールは行われた。それ以後には希望者の発表がなされるのが慣わしであった。ただし、年度末までデリダが原稿を準備してくる日が何度もあった。[3]

1 一九九八年度は、普通ならデリダは退官している年であったが、セミネールだけ続けることが可能だったのである。ただし、論文指導がなくなったことから、小セミネールを行う理由もなくなり、この年以後の五年間は、セミネールの期間が短縮され、ほぼ十二月の頭から三月末までの年間十数回という形になった。

2 最後の五年間は、一二回から一四回の間だった。

3 詳しいことは統計をとった上で述べなければならないが、一九九四—九五年度を例にとると、二月までが五回、二月以降が七回半で、むしろ後半の方が回数が多かった。

原稿の量は、一九九四―九五年度を例にとると、[4] デリダの準備したタイプ原稿の字数は、一〇六万前後で、『グラマトロジーについて』（一九六七年）の原書の字数にほぼ等しい。したがって、毎年『グラマトロジーについて』に相当する量の原稿を十九年間準備し続けたといってよいだろう。[5]

聴衆はまさに千差万別で、学生、研究者、大学教授から作家、俳優、会社員、定年退職後の人、観光気分でやってくる人間にいたるまで、社会的地位も非常に多様な人々の混合体であり、年齢幅も大きかった。女性ファンの多かったこと、何年も続けて出席した人間が多数いたこと、なども特徴の一つであった。日本人も、（五、六人程度という年もありはしたが）毎回十人から二十人ほどいた。[6] 八〇年代後半の時期には、講義を録音する人間は数えるほどしかいな

---

4 小セミネールが五回、討論（質疑応答）の日が二回半、そしてデリダが原稿を用意してきたのが十三回（十二回半分）であった。私の計算によれば、デリダの準備してきた原稿の字数は、この十二回半の分の字数である。

5 一九九三年二月一〇日の発言によれば、「二十年来」セミネールは原稿を準備して行っているとのことであったから、一九七〇年代の初めのあたりから一九八四―八五年度にいたるまでの約十年間、すでに相当な量のセミネールの原稿を作成し続けた人なのである。デリダの多産性はどこかハイデガーのそれを思わせる。量的には、ハイデガーを凌いでいる可能性もあると私は感じている。

6 デリダ研究者として知られている方々をはじめ、私がセミネールの会場で（多少なりとも）言葉を交わしたことのある日本人だけででも相当な数に登る。

かったが、徐々に増え始め、横長の大きな机の上に置かれたテープレコーダーの数が目に見えて増えていった。なるべく前列に陣取って録音している人間の数も徐々に増えていった。

討論（質疑応答）に当てられた日以外にも、質問は受付けていた。どんな質問にも応じるまったく開かれたスタイルが維持された。この不特定多数の聴衆の中には、固有の専門を持った人間も数多くいたはずだし、デリダを何とかやり込めてやりたい、いい格好して目立ちたいという気持ちで出席していた人間もいた。しかし、デリダが質問にたじろいだという情景に出くわしたことは一度としてなかった。質問に対して怒ったということも一度もなかったと思う。[7] 実に真摯に、返答に値しないような質問に対してさえも、デリダならではの応答をしていた。ものに動じないことと「コーラ」のごとき、まさに百戦錬磨の受容の人の貫禄がそこにはあった。

外国語（フランス語以外の言語）を書く時など以外には、黒板を使うことは稀だった。ディスカッションの時には、立った姿勢で話すこともあったが、それ以外は座って話すというのがほとんどだった。五時数分前に現れるのが常で、遅れたことはなかったし、十分以上も前に席に着くということもほとんどなかった。定刻の人だったのである。また、やむをえない理由（国内、国外を問わず、コロキウムや講演など）のあったとき以外に休講にしたことは、十九年間に、（た

7 ごく稀にではあったが、デリダが情念（怒りその他）に身を任せる場面がなかったわけではない。しかし、質問に対してではなかった。

ぶん）たったの一回しかなかった。[8] 黒革の小型旅行カバンを肩にかけて毎回登場し、その中から眼鏡を二組、大型のかなり分厚い出席簿用ノート、大型の手帳、また、しばしば数冊の本を引っぱり出し、そして、三十枚程度のタイプ原稿を目の前において講義が始められた。

黒革のカバンはよほど気に入っていたとみえて、それを毎回肩にかけて登場した。また、最後の数年間は、赤い細い紐が結ばれたままになっていた。何を意味するのかはついに知りえなかったが、デリダという人は、旅人の心をもって生きているのにちがいないと思わせた。この赤い紐は何度も税関を通過しているはずなのだ。また、講義原稿を読み上げながら、ある箇所にいたると、愛用のパイロットの黄緑の太字用ボールペンで区切りのマークを記すのが常だった。講義原稿に「冗談」まで書き込まれているのには驚いた、ということを知らせてくれた友人もいたが、ありうることだと思う。[9]

8 一度だけ高熱を出して休んだことがあった。デリダ夫人から夜遅く電話があり、明日はセミネールがないという知らせを受け取ったことがある。友人たちにもそのことを伝えて欲しいということであった。このように、セミネールに対するデリダの姿勢は、真剣そのものだったのである。

9 カリフォルニア大学アーヴァイン校の資料館は「デリダ資料館」も含まれており、デリダはセミネールの全原稿を寄贈している（と私に語ったことがある）。私も、デリダの依頼により、一九八六—八七年度からの十年分の全録音（小セミネールも含まれる）を寄贈することになった。この資料館でデリダの原稿と録音とを突き合わせる作業をしたら、この点は確認できるはずである。

セミネールのテーマは、十九年間を通して、数回の例外を除けば[10]、予告されたことはなかった。したがって、聴衆は、(講義要項で事前に調べることはできたにしても)、今年はどんなセミネールになるのかとサスペンスを味わいながら会場に向かったはずである。使用文献も徐々に知らされていく形であった。

ところで、セミネールの原稿と活字になっている出版物との関係はどうなっているのだろうか、ということに好奇心をかき立てられた人間も少なくなかったにちがいない。ただし、この疑問に答えるにはしかるべき綿密な調査が必要である。もちろんセミネールの原稿をほぼそのままの形で活字にしたことがあったことは知られてはいるが[11]、両者の関係の確認はまだなされ

---

10 一九九七年一〇月に突発したハイデガー論争が続いていた時期に、翌年のタイトルは「ハイデガーをめぐる論争」とするという発言があったが、取りやめになり、代わりに「友愛のポリティックス」がタイトルに選ばれた(ただし、小セミネールでは、一年間、「ハイデガー問題」が議論された)。それ以外には(私の知る限りでは、一九九五年三月二九日と一九九七年四月三〇日の)二回、翌年度のタイトルの予告がなされたことがある。

11 いくつかの具体例を挙げることなら不可能ではない。例えば、『時間を与える―贋金』(一九九一年)は、一九七七―七八年のセミネール(「時間を与える」)の最初の五回分を元に書かれたものであり、また、『歓待について』(一九九六年)は、一九九五―九六年年度の第四回目(一九九六年一月一〇日)、第五回目(一九九六年一月一七日)の二回分の原稿を元に編まれた本である。後者に関しては、以下のことを報告しておこう。①セミネールの原稿の字数と本になった際の字数にはほとんど差がない。②いくつかの文章はそのまま使われているが、それはむしろ稀で、ほとんどいつも変更が加えられている。③セミネールの原稿においては単なる一つの文章だったものが、大きく膨らまされているケースがいくつかある。④セミネールの原稿の文章の進行はほぼその

ていないだろうと思われる。活字にされた分量は、セミネールの原稿の量に比して、さほどの割合には達していないだろうというのが私の推測である。両者の関係に関して、むしろ注目すべきは次のことではないだろうか。つまり、セミネールにおける、まるで細部に踏み込んで行くのを楽しんでいるかのような、自由奔放ともいうべき経験（実験）の積み重ねがあったからこそ世界中のおびただしい数のコロキウム、講演、インタビュー、その他に、しかも驚くべき迅速さ（軽快さ）で対応可能であったのではないか、ということに。

最後にぜひとも付言しておきたいが、デリダは、使用文献を読む際に、必ず原書にあたるというスタイル[12]を堅持した人でもあった。それに対してはけっして時間を惜しむ素振りは見せなかった。その姿勢の一徹さには尋常ならざるものがあった。

以上を前置きにして（まだまだ語るべきことがあるのだが、この辺りで切り上げて）、セミネールの内容の報告に移ることにする。

まま踏襲されてはいるが、軽く移動させられている数節もある。⑤セミネールの原稿では、『聖書』の翻訳は、Chouraqui 訳とプレイアド版の訳の二つが引用されているが、本の中では、前者の訳だけが引用されている。

12（ほぼ）ドイツ語、英語、ギリシャ語、ラテン語の四言語で、この中には、ヘブライ語もアラビア語も含まれていなかった。

一九年間に扱われたテーマの概要

デリダが社会科学高等研究院の教授になった年の一九八四年に開始されたセミネールは、担当講座名が「哲学の諸制度」だったこともあり、「哲学の国民性（＝国籍）と国民主義（ナショナリズム）」という包括的タイトルの下に、開始された。また、小セミネールのタイトルは、「法の前の哲学の諸制度」[13]というものであった。

しかし、五年目の一九八八－八九年度からの三年間は、包括的なタイトルが「友愛のポリティックス」に変わる。そして、八年目の一九九一－九二年には、さらに大きな変化が訪れる。タイトルが、「責任（＝応答可能性）の諸問題」で置き換えられ、以後、そのタイトルが最後の年まで十二年間堅持されることになるのである。整理すると、最初の四年間、それに続く三年間、それ以後の十二年間という便宜上の区分が可能だといえるだろう。

一九年間のセミネールで扱われた内容を報告しようと思ったら、当然のことながら、次の二つの作業が不可欠であろう。一九年間の全体像を鳥瞰できるようにすること、それと、各年の

13　明らかにカフカの「法の前で（掟の門前で）」を意識した表現だが、最初の四年間は、排除、破門などがテーマだった。

Franz Kafka
(1883-1924)

全体像が浮かび上がるようにすること、この二つである。しかし、この二つの要請に満足を与えるのは、(とりわけ私の能力では!)もともと無理な相談である。そればかりか、これは凄いと聴衆を唸らせた講義が、必ずしも年度始めの講義に集中していたわけではないし、講義原稿のない討論の時の発言が強い感銘を与えたこともしばしばあったのである。こうしたことを考えると、セミネールとはいっても、どこに的を絞ればいいのか途方に暮れざるをえない。やむなく、単純な策を採用することにした。最初の二回分の講義から、その年度の大枠だけは想像できるような形式だったことを考え、主にその二回分から最低限の必須情報を引き出すことにした。しかも、最重要と思われる固有名に焦点を当てるという制限を設けたことをお断りしておく。それ以外の処理方法が思いつかなかったのである。一九年間を、先述の三つのブロックに分けて報告することにする。

病気によって中止を余儀なくされた最終年度まで、途切れることなく続けられた一九年間のセミネールのタイトルを先ずは列挙しておこう。タイトルの確定は、デリダ本人に揺れがあり[14]、実は自明ではないのだが、以下のようなものであった。

14『友愛のポリティックス』(一九九四年)の冒頭にあるデリダ自身による説明にはかなりの混乱がある。また、Cahier de l'Herne, *Derrida*(二〇〇四年)に記載されている一九九〇年以降のタイトルにも従わなかったことをお断りしておく。詳しいことを述べようと思ったら、けっこう長い記述が必要であるということだけ付言しておく。

『哲学の国民性（＝国籍）と国民主義（ナショナリズム）』

(La nationalité et le nationalisme philosophiques)

①（一九八四—八五年度）「国民、国民性（＝国籍）、国民主義」(Nation, nationalité, nationalisme)

②（一九八五—八六年度）「ノモス、ロゴス、トポス」(Nomos, Logos, Topos)

③（一九八六—八七年度）「神学・政治的なもの」(Le théologico-philosophique)

④（一九八七—八八年度）「カント、ユダヤ人、ドイツ人」(Kant, le Juif, l'Allemand)

『友愛のポリティックス』(Politiques de l'amitié)

⑤（一九八八—八九年度）「友愛のポリティックス」(Politiques de l'amitié)

⑥（一九八九—九〇年度）「他者を好んで食べる」(Aimer manger l'autre)

⑦（一九九〇—九一年度）「他者を食べる」(Manger l'autre)

『責任（＝応答可能性）の問題』(Questions de responsabilité)

⑧（一九九一—九二年度）「秘密に責任を持つ」(Répondre du secret)

⑨（一九九二—九三年度）「証言」(Le témoignage)

⑩（一九九三―九四年度）「証言」(Le témoignage)
⑪（一九九四―九五年度）「証言」(Le temoignage)
⑫（一九九五―九六年度）「敵対／歓待」(Hostérité/hospitalité)
⑬（一九九六―九七年度）「敵対／歓待」(Hostérité/hospitalité)
⑭（一九九七―九八年度）「偽証と赦し」(Le parjure et le pardon)
⑮（一九九八―九九年度）「偽証と赦し」(Le parjure et le pardon)
⑯（一九九九―〇〇年度）「死刑」(La peine de mort)
⑰（二〇〇〇―〇一年度）「死刑」(La peine de mort)
⑱（二〇〇一―〇二年度）「獣と主権者」(La bête et le souverain)
⑲（二〇〇二―〇三年度）「獣と主権者」(La bête et le souverain)

（謝罪―ここで打ち切るべきであると思えて仕方ない。一九年分の報告を書いては見たものの、アプローチの仕方に問題があったことを認めざるをえなくなった。統計学的スタイルに徹すべきであったという後悔の念にとらわれている。使用テクストなどの統計的データを知る方が、私の恣意的選択に付き合わされるよりは、はるかにましであると思えるからである。また、内容に関しては、「デリダの発言」だけで構成するぐらいの覚悟で臨んだ方がはるかに有意義な語り方になるだろうと思えてきた。たとえそれがいかに大変な作業を要求することになろうとも。どうもその覚悟が要請されているように思えて仕方ない。予定の枚数まであとしばらく続けはするが、そこで唐突に打ち切りとさせていただく。）

（一）『哲学の国民性（＝国籍）と国民主義（ナショナリズム）』（一九八四―八五年度から四年間）

最初の四年間は、「哲学の国民性（＝国籍）と国民主義」という包括的タイトルでくくられる時期である。デリダのスタイルは、次の一点では一貫している。つまり、選ばれたテーマに対する初めの切り込みがあり、次にその切り込み方では扱えない（あるいは扱い切れない）部分を、それを補うものとして取り出していくという構えで歩を進めていくという点で一貫している。いってみれば、語り切れない残余（残り）をたえず射程に取り込んだ、しかもその残余（残り）をこそ語ろうとする歩みなのである。最初の四年間の歩みを一つの全体として遠望してみると、デリダの歩み方、狙いの定め方（射程のとり方）が、おぼろげながら浮き上がってくる思いがする。

一年目（一九八四―八五年）のタイトル「国民、国民性（＝国籍）、国民主義」を、包括的タイトルと並べてながめてみたら、デリダが何を語ろうとしたのかを、現時点で、推測するのはそれほど大変ではないだろう。デリダは、国民・国家システムという限定された枠の中で、国民

(Nation)、国民性（=国籍）（Nationalité)、国民主義（Nationalisme）の三概念が、きちんと区別されて論じられねばならないこと、とりわけ国民性=国籍(Nationalité)と国民主義(ナショナリズム)とが区別されて論じられなければならないこと、しかも、それら三概念の分節のされ方を厳密に押さえた上で考察を展開しなければならないこと、そういった課題を一年目のタイトルの中に込めていたに違いない。それでは、デリダはその課題に、どのような歩みを持って取り組んで行ったのか。総括的タイトルとして掲げられた「哲学の国民性（=国籍）と国民主義」には、「哲学の」という限定が設けられていることから推測できるように、デリダの考察は、最初から、国民的なもの（普遍的なものに対して特殊なもの）と哲学が希求するはずの普遍的なもの（普遍性)との関係に向けられていったのである。さて、ここでデリダの主張を強引に要約しておこう。デリダの主張はこうである。すなわち、国民的な肯定が哲学的なものになるのは、偶然に（たまたま）そうなるということはない。それは、つねに、哲学的な性質を持っている。そして、「国民主義（ナショナリズム)」とは、経験に基づく特殊性を要求するものではなく、むしろ、普遍的で模範的な一つの「使命」、「責任」を要求するものなのである。しかし、そこには、一つの矛盾がありはしないか。つまり、そのような普遍主義的言説にとって、ナショナルな一言語（イディオム=固有言語）への準拠は、一つの矛盾でなくてなんであろうか。デリダは、この矛盾に着目して、それ自体矛盾を含んだ問い、「哲学的固有言語というものは存在するのか」という問いを立て、その問いを導きの糸にして、この巨大なテーマに切り込んでいったのである。デリダは、例として、先ずは、一九世紀と二十世紀におけるドイツ思想の中から、アメリカとフランスに対する関係が典型的に表明されているテクスト[15]をとり上げていった。しかし、最も長い時間が割かれたのは、ハイデガーによるトラークルの詩の論究[16]についてであった。デリダはそこに「固有言語」への訴えの典型的な一例を見てとっていたにちがいない。

二年目のタイトルは、「ノモス・ロゴス・トポス」であるが、この年にデリダは主に「ナショナルな場所」の問題を扱った。先ずはプラトンの『ティマイオス』における「コーラ」について、そしてプラトンの「コーラ」についての数人（アリストテレス、現代のギリシャ学者、カントロヴィチ、ハイデガー）の読みを、たっぷりと時間をかけて検討していった。もう一つ報告しておけば、デリダは、この年、国民主義的言説の構成には、「亡霊の問題」が本質的な関わりを持っているということを主張していた。

三年目に取り上げられたのは、「選民」、「（神の）選択」、「契約」、「約束」、「使命」などの問題であった。この問題系においてこそ、まさに、ドイツの運命とユダヤ主義とが結びついている。

15 アドルノの「ドイツ的であるとは何か」、アーレントの『革命について』などである。
16 二週連続でトラークルの詩のハイデガーの読み（「詩のなかの言語―ケオルグ・トラークルの詩の研究」）についての徹底的な考察がなされた。その時の考察の一部は、後に、『精神について』（一九八七年）第IX章の中に組み込まれることになる。

るからである。最初にスピノザの『神学政治論』を、次にM・メンデルスゾーンの『エルサレム』[17]が大きくとり上げられた。前者の読みにおいては、個人レベルを超えるものとしての（神の、民族の、言語の）「復讐」のモチーフを取り出し、それを導きの糸にして、一九三〇年代のユダヤ系ドイツ人（ショーレム、ベンヤミン、ローゼンツヴァイクなど）のテクストの読みがなされた。また、ヘルマン・コーエンの『ドイツ性とユダヤ性』もとり上げられた。デリダが、「ユダヤ・ドイツのプシュケー（魂＝鏡）」と名づけるものが大きくテーマ化されたのがこの年であった。

　四年目のテーマは、第一に、ドイツ人、ドイツ語、ドイツ国民、ドイツの国民主義に対するカントの関係であった。一方では、ユダヤの本質的固有性、他方では、ドイツ人の本質的固有性、というべきものがあると仮定した上で、とりわけ言語の観点から、この両者の絡み合いが考察の対象にされていった。図式化していえば、一方には、ライプニッツ以来、哲学言語が目指してきた普遍的言語があり、他方には、ドイツ語という固有言語があるが、両者の分節のされ方に目が向けられていった。具体的には、フィヒテからアドルノにいたる「ドイツ的であるとは何か」の問いの系列を先ずは（一年目から）検討していったが、四年目には、特にニーチェの『善悪の彼岸』を選び、ニーチェが、「アンデンティティの欠如」をドイツ的な特徴と見なしている数節、それと、ユダヤ人について語っている節（第二五〇節）などを読み、次に、ニーチェ

17 *Jerrusalem oder uber religiose Macht ubd Juddentum*, 1783.

Gottfried Leibniz
(1646-1716)

によるカント観が述べられている節（第二節）などを読み込んでいった。そして、例えば、フランス人に対するドイツ人の「アイデンティティーの欠如」という特性が、ユダヤ性の特徴と（奇妙にも）アナロジックな関係にあるだろうということが指摘された。[18] このような行程を経て、デリダは、前年度にもすでに指摘していた一点に考察を向けていった。つまり、ナショナリズムというものが、つねに、「アンデンティティーを欠くこと」、「非・同一的であること」の苦悩を起点に発展するものであるという一点に。

最後に、この年のセミネールの主要部分の一つが、「戦争状態にある諸解釈―カント、ユダヤ人、ドイツ人」（一九八八年）を通して推測できるだろうことを付言しておく。

（二）「友愛のポリティックス」（一九八八―八九年度からの三年間）

次は、『友愛のポリティックス』という包括的テーマでくくられる三年間であるが、第一期（最初の四年間）から第三期（一二年間）移行する過渡期に当たるものであるといえなくもない。た

---

18 日本に当てはめてみたら、例えば、日本において「日本人論」、「日本文化論」が語り続けられたという事態をテーマ化することが可能だろう。ニーチェ的に言えば、この事態は、日本の「アイデンティティの欠如」を想定させるものであろう。デリダのセミネールの魅力は、一つには、このように、視点を少しばかりずらしただけで、別の事例（他国の事例）への応用可能性が開けるというスタイルにあるだろう。

とえば、第一期目には皆無であったといっていいレヴィナスへの言及が現れ始めるのがこの時期なのである。このことからも、レヴィナス、フロイト、ハイデガーにおとらず（ある意味では、とり上げられたテーマからしても、また言及の頻度からいっても、それ以上に）重要な固有名になっていく第三期への橋渡しの時期だったといいうるように思われる。ただし、次のことはぜひとも言っておきたい。たしかに、ハイデガーへの言及の量が、「ハイデガー事件（論争）」（一九八七—八八年）以後、目に見えて減ったという印象を与えはした。しかし、ハイデガーの読みがデリダの独自性を際立たせることになるのは、むしろこの時期からなのである。こうしたところに私はデリダの底知れない懐の深さ（射程の長さ）を感じないわけにいかない。

ところで、第二期の三年間においても、最初の四年間の場合と同型の歩み方が認めうるように思われる。三年間の小タイトルを一つの全体として眺めてみれば、以下のような構図が透けて見えてくるはずである。「政治」における他者との関係の持ち方には、「友」との関係と「敵」との関係という二大類型、二大カテゴリーがある。したがって、「政治」と「友愛」の関係は、もともと二重の次元を持つ。こうした観点から、一年目（一九八八—八九年度）には、「友」と「敵」、「友愛」と「敵対」の間にある一対の不可分な関係に着目しつつ、まずは「友愛」について過去に何が問題にされてきたかを広くとり上げていく。そして、「友愛」のテーマを「食べる」というテーマと繋げて問題にしていく方向を示す。これが一年目である。続く二年目は、この「友／食べる」

のテーマを二つの次元を持つものとしてとらえ、第一段階としては、身体の「内部に取り込む」という次元を問題にし、第二段階として、その対部をなす、身体の「外部へと締め出す（吐き出す）」という次元が問題にされる。このような行程であったといえるだろう。

ところで、この三年間のセミネールに関しては、『友愛のポリティックス』（一九九四年）を読めば内容を知りうるわけだから、ここでは、年度始めのセミネールで何が語られたかだけを簡略に報告することにする。

一年目は、皮切りに、まずはブランショの『ミッシェル・フーコー 思いに映るまま』（一九八六年）とカール・シュミット（『政治的なものの概念』、『政治神学』）[19]における「敵」についての省察の重要性が語られていった。また、ポレモス（闘争）とフィレイン（友愛）をめぐるハイデガー（『形而上学とは何か』、『ゲルマーニエン』）について熱気のこもった言及がなされた。

二年目の一回目の講義では、常套的ともいうべき慣例にしたがって、文学作品が選ばれ、「友を食べる」をモチーフにしたクライストの『ペンテジーレーア』の読みに当てられた。また、この年は、アウグスティヌスにおける「糧」、モンテーニュにおける「噛むこと」に関連したペー

19 この年以降、シュミットは、言及頻度の最も高い約十個の固有名の一角を占めることになる。この年にデリダはアメリカのシュミット特集号（Teros, No. 71, Spring 1987, No. 72, Summer 1987）を使用文献として挙げていた。

Carl Schmitt
(1888-1985)

ジ、あるいは、シャルル・マラムードの『世界を調理する』(Cuire le monde)(一九八九年)など、「食べる」のテーマ系に入るテクストが、集中的に読まれていった。しかし、やはり特筆すべきなのは、ハイデガー(『形而上学入門』、『同一性と差異性』)における「供儀」のテーマ、レヴィナス(『全体性と無限』)における「飢え」のテーマ、とりわけ、フロイト(『性欲論三篇』、『トーテムとタブー』、『悲哀(喪)とメランコリー』)における「喪」のテーマへの熱のこもった言及である。

三年目には、アンゲルス・シレジウスの『何故ということなき薔薇』とノヴァーリスの『断章』の読みから開始された。テーマは、前年度のテーマが「食べておいしい」と「同化」(摂取)だとすれば、この年のテーマは、「食べてまずい」と「排泄」であった。より具体的なテーマとしては、「残余(消化されずに残る)の問題」のモチーフ群をなす「金」(腐敗しないもの=消化できないもの)、アスベスト(燃えない物質)などが、具体的にいくつかの固有名への言及を通して、とり上げられていった。

(三)「責任(=応答可能性)の諸問題」(一九九一年からの一二年間)

八年目(一九九一年)に大きな変化が訪れる。最後の年まで堅持されることになる包括的タイトルとして「責任(=応答可能性)の諸問題」が掲げられていることが端的にそのことを物語っ

Michel Eyquem de Montaigne
(1533-1592)

ている。また、この年に、デリダは、異例なことに、来年度のテーマは「証言」であると予告している。しかも、長年の懸案だった『存在と時間』の数節（臨証＝証言に関連する第二編第二章）の読解を行うということまで予告がなされたのである。ハイデガーとの関連でいえば、セミネールの最終年度まで執拗に追求されていく、特権的ともいうべき一主題の重要性が目についた。それは、「動物の問題」[20]である。動物については、『郵便葉書』（一九八〇年）、「いかに話さないか」[21]（一九八六年）、『割礼告白』（一九九一年）などですでに扱われたことがあったが、「秘密」、「痕跡を消す」、「死」といったテーマの中に置き直されて、それまでの考察がさらに推し進められていったのである。このことからだけでも、新しい第三の包括的タイトルの採択が与える印象にもかかわらず、ハイデガーが後退してレヴィナスの比重が増したというふうに単純に思い込むのは危険である。もう一つ特筆すべき点をあげると、バンヴェニストへの言及が、目に見えて頻繁になり、以後最後まで途切れることなく継続されていったことである。驚くべき頻度で

20 「動物の問題」が第三期デリダ・セミネールのもっとも太い力線の一つをなしていることは間違いない。三回目のコロキウム（研究集会）『自伝的動物』（一九九七年）以後も、まるでその続きでもあるかのように、この問題が考察の対象にされたのである。よほど大きなこだわりを持った主題であったに違いない。そして、その際の最重要固有名がハイデガーなのである。彼を中核に、フロイト、ニーチェ、カント、ルソー、レヴィナス、ドゥルーズ、アガンベン・・・・、そしてラカンといった一連の固有名への言及がなされていく。

21 « Comment ne pas parler », (1986) in *Psyché*, Galilée, 1987,

『インド＝ヨーロッパ諸制度の語彙』（二巻本）における語源学的・制度的語彙研究からの引用がなされていくことになる。[22]
また、この年（一九九一年）あたりから、デリダにとって、ハイデガー、フロイト、レヴィナスの三人が、三大固有名と呼ばれてもおかしくないような場を占めていったということを強く印象づけられていくことになる。

22　最前列で聴講していた私には、この本にびっしりと書き込みがなされているのが分かった。

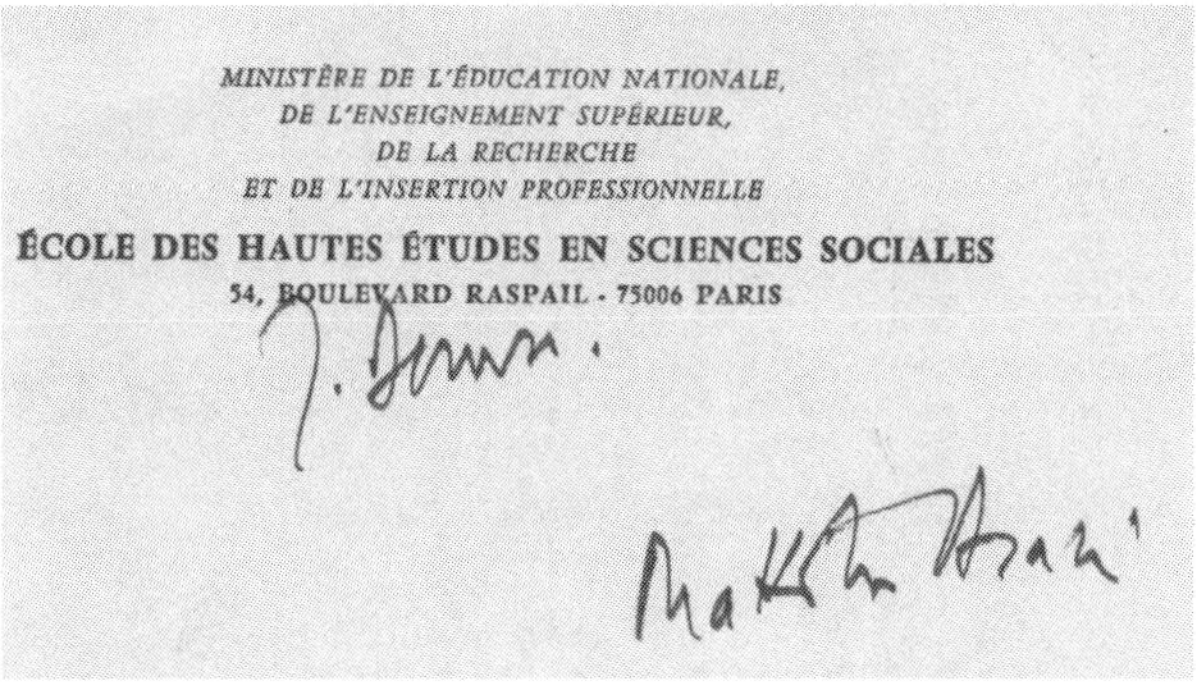

デリダから著者への封書

あとがき

デリダの思い出を綴っておきたいと考えて書き始めたのだったが、やはりデリダのセミネールの思い出、スリジィ・ラ・サルでのデリダを囲む研究集会の思い出、その他、国際哲学コレージュでの講演の思い出などを中心に語ることになった。一九八六年に始まった「デリダと共に」という生活が、デリダ亡き現在もなお、続いているという気持ちが私には強い。それには、たぶん、理由があるのだろう。デリダから得た知識のせいではない。むろん無数のことを学んだが、デリダが私を今でもとらえて離さないのは、たぶん、別の理由による。それは、次のように表現できるだろう。私が今でもデリダと共にあると感じるのは、デリダのように考えている自分を感じる時なのである。実をいえば、これは、デリダのセミネールに通い始めてすぐに始まった感覚であった。最初は、デリダを模倣するという、一種の遊びとして始まったのだが、私は、パリの職場（国立東洋言語・文化研究院、日本学科）の一年生の教室（和文仏訳の授業）において、デリダの語り口を真似て授業をしていたのである。例えば、学生に格助詞や「は」という助詞を説明するときに、デリダがスピノザの『神学政治論』について語り始めた時のことを思い出しながら、あからさまにデリダの問いの発し方を真似たのである。「復讐とは何か？それが人間の次元を超えた、神の次元のものである時、復習とは何か？」。「《は》とは何か？　みなさんがよく知っていると考えているに違いない《は》とは何か?」。対象はなんであってもいい。復讐でも、《は》でも、固有名でも、友愛でも、赦しでも、歓待(ホスピタリティ)でも。

私がデリダを真似ていることに気づく学生がいるはずなどなかったのだが、私は、まさに、デリダを模倣していたのである。これは実に大きな快楽を私に与えてくれた。たぶん、模倣する相手がデリダだったから、こういう模倣が可能になったのだと思う。私がデリダから学んだものとは、これこれの具体的な知識ではなかった。私が学んだのは、「問いを立てる」ことであった。ある意味ではそれに尽きるのだとさえ思う。デリダのように問いを立ててみること、これが、最初から最後まで、私に取り憑いたたまらない快楽だったのである。私は、デリダを通して、次のことを実感したのだと思う。「哲学を学ぶことはできない、哲学することを学ぶことができるだけだ」。デリダが今でも私の中で生きていると感じるのは、デリダのように、自分なりに、考えてみるという状態に身を置いている自分を感じている時なのである。

実は、私はデリダの著書をさほど読んでいない。デリダ研究をしている人間であると思ったこともない。私にとっては、ブルトン、バタイユ、ベンヤミン、ハイデガーなどを読むときの手引きになる人、それがデリダであった。その意味では、デリダは常に私の傍にいた。今でもそれは変わらない。変わるのは対象だけである。

西田幾多郎(例えば「場所」)を読むときも、柄谷行人(例えば『資本論』の読み)を読むときも、山本哲士（例えば「述語制」について）を読むときも、デリダは、いつも、傍にいる。「デリダのように考えてみよう」ということが私を離れることがないのである。

私が、いくぶんでも、デリダのようでありたいと思ったことは何度かある。しかし、特にその思いに強くとらえられたのは、自分が考えあぐねている問題を前にして困惑していた時に、デリダが助け舟を出してくれた時の衝撃的驚きの中においてであった。ブルトンについて、ベンヤミンについて、ハイデガーについて、カントについて、西田について、デリダが私に与えた衝撃については本書で少し語ることができた。私が一番書きたかったのは、その衝撃についてだったのである。その時の衝撃を感じ取っていただけたら嬉しい。

デリダについて、できたら一冊本を遺せたらと思っていた。その願いが叶って満足である。一冊の本にまとめる機会を与えてくださった山本哲士氏に心から感謝する。本書は、『三田文學』に「ジャック・デリダの思い出」として五回連載（一九一七―八年）したもの、『環』の別冊のデリダ特集号（二〇〇七年）に寄稿した論文、『國文學』に寄稿したデリダ論（一九九九年十月号）などをベースにして一冊のデリダ論としてまとめたものである。デリダのセミネールを中心に、デリダの生の声が伝わるように努めた。デリダとはどういう思想家だったのかを感じ取っていただけたらなら、それに勝る喜びはない。

デリダによる寄贈書の
著者への献辞・謝辞

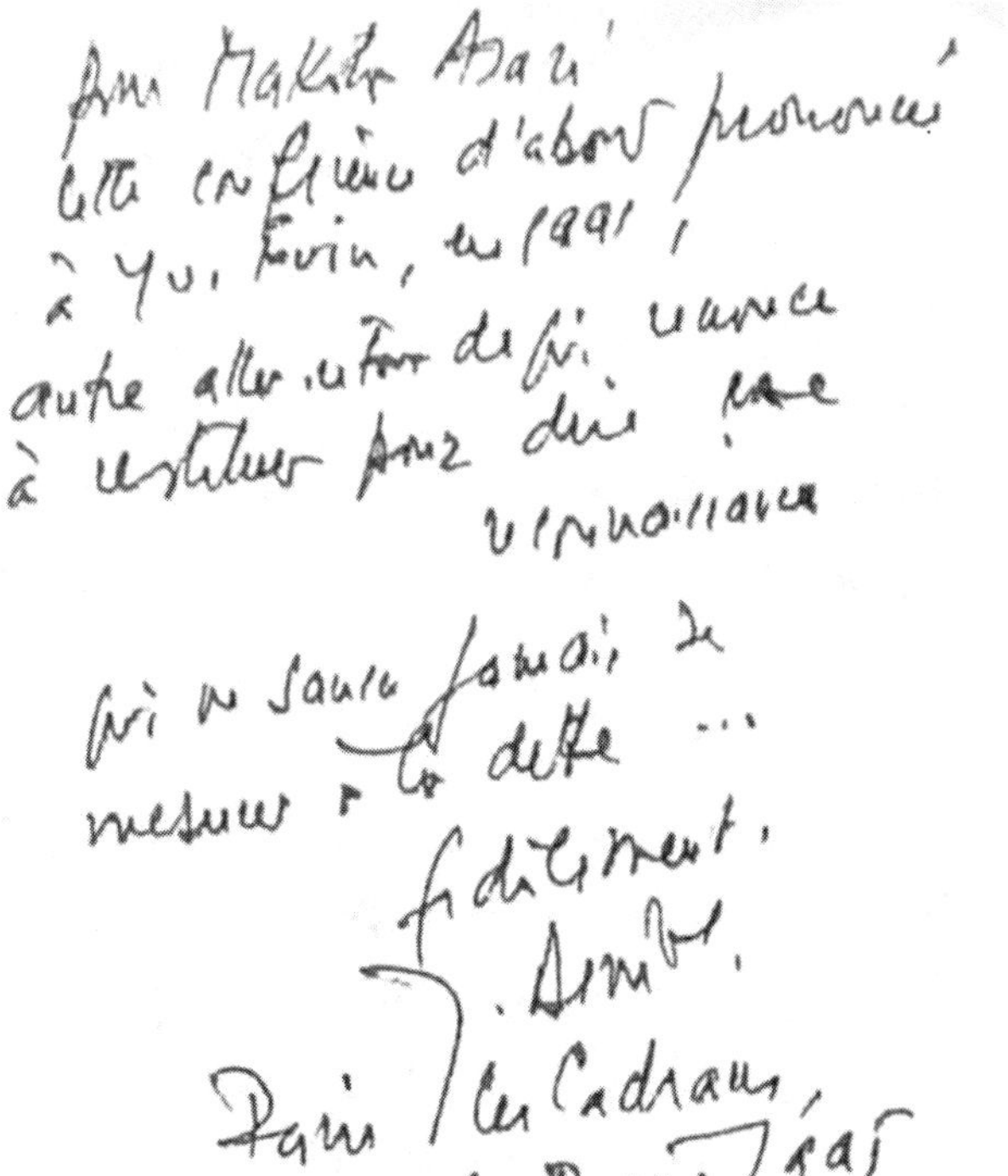

Makoto Asari へ
この講演は、1991 年に湯布院でなされた。また、お礼の申しあげようもないはかりしれない恩義へのいたらなさの行き来に・・・恐縮。J.　友愛をこめて。
パリ、カフェ「カドゥラン」にて、1995 年 8 月 7 日

（編集部注：著者が録音したカセットテープをめぐって、直接、関係せずに間に何人も介在させてしまった失態を詫びつつ、著者への親愛な感謝をこめた謝辞。）

これからのこと

ジャック・ラカン『エクリ』の日本語版のための「序文」など、ごく少数の例外を除いて、日本語の世界的寄与の可能性を問うことは稀であった。日本の言語学者の怠慢ゆえである。ジャック・デリダも日本語については何も語らなかった。ハイデガーにおける日本文化への関心を気にはしながらも。日本語が世界の敷居を跨いで世界レベルで問われていくのはこれからである。ウラル・アルタイ系の言語である日本語の世界的貢献が待たれていることを痛感している私は、インド・ヨーロッパ語の言語論主導の状況を相対化させる考究が待たれていると確信し、最も根本的な次元において、「述語制言語」の日本語と「主語制言語」であるインド・ヨーロッパ語との比較研究を通し、本居宣長、西田幾多郎、ハイデガー、ソシュール、デリダ、ベンヤミン、ブルトンなどを通して、デリダの越境的・横断的思考に啓発されながら、言語の未開拓の地平ににじり寄ることを目標に、述語制言語である日本語の世界的寄与の可能性を、例えば、コプラをテーマにして、果敢に探り続けている。

デリダは、国語という境界を踏み越える思考を母語であるフランス語で展開した。デリダの横断的・越境的思考スタイルは日本語による思考にとっても一つの貴重なモデルの役割を果たし得る。私は、デリダのセミネールを通して普遍的に思考するデリダのスタイルに啓発された。例えば、固有名とは何か？という問いは、フランス語においても日本語においても、本質的にはあまり差がない。重要なのは「問いを立て、その問いを限界まで問い詰めること」である。ためしに、ここで、固有名を「コプラ」で置き換えてみる。即座に、いくつかのデリダ的問いが浮かび上がる。「コプラを持つ言語とコプラを持たない言語におけるコプラとは何か？」。これは一級の哲学的問いである。ハイデガーもデリダもこの問いに対しては回答を与えていない。与えることができなかったからである。しかし、むろん回答は待たれている。著者がデリダに学んだものとは、こういう問いを立てるデリダ的「技」であった。

ところで、著者は、デリダに対して、ある意味で、優位に立っていると感じることがある。デリダは主語制言語で思考するという限界を抱えていたからである。著者は、日本語とフランス語の二言語で思考するという点で、ある意味で、優位にあると感じるのである。それは、述語制言語である日本語の視点を取れるからである。デリダの思考の限界さえも問われねばならない。しかし、それが可能になるためには、デリダ、ハイデガーばかりではなく、一方では、ベンヤミン、ブルトン、ラカン、レヴィ＝ストロースなど、他方では、宣長や西田などを射程内に取り込むことが求められる。まさに、真の意味での横断的・超国境的視点が求められる。その意味においてこそ、私はデリダから尽きることなき刺激を受け続けている。デリダ的思考は、私の比較文法論の中でこそ躍動する。

浅利　誠（あさり まこと）

1948 年青森県生まれ。文筆家。元ボルドー・モンテーニュ大学言語・文化学部名誉教授。早稲田大学哲学科修士課程修了。新ソルボンヌ大学フランス文学科博士課程修了。（仏）国立東洋言語・文化研究院日本学科講師・准教授（1984-2008 年）。ボルドー・モンテーニュ大学言語・文化学部教授（2008-2014 年）。

シュルレアリスムをベースにした年二回刊行の雑誌 PLEINE MARGE, Editions Peeters – France (1985-2009) の編集メンバー、寄稿多数。日本語文法論を「季刊 iichiko」に連載。主要活動は、比較文法論における日本語文法の世界的寄与の可能性を探ること。

著書に『日本語と日本思想』（藤原書店、2008 年）。『非対称の文法』（文化科学高等研究院出版局、2017 年）。共訳書にフィリップ・ラクー＝ラバルト『政治という虚構』（藤原書店、1992 年）。仏訳書、Kôjin Karatani, *Structure de l'histoire du monde*, CNRS Editions, 2018. 日本語とフランス語での学術論文５０点以上。

＊ web-uni.com における浅利誠 / 言語学教室の「日本語文法講義」動画：
https://tetsusanjin.wixsite.com/asarimakoto/blank-1

知の新書 005

浅利 誠
ジャック・デリダとの交歓

発行日　2021 年 5 月 20 日　初版一刷発行
発行所　㈱文化科学高等研究院出版局
東京都港区高輪 4-10-31　品川 PR-530 号
郵便番号　108-0074
TEL 03-3580-7784　FAX 03-5730-6084
ホームページ　ehescbook.com

印刷・製本　中央精版印刷

ISBN　978-4-910131-05-4
C0230